Entdecken und Verstehen **5**

Arbeitsheft für Geschichte

Vom Ost-West-Konflikt
bis zur Gegenwart

erarbeitet von
Dr. Hagen Schneider

1. Kalter Krieg   4

Stunde Null	5
Besatzungszonen	6
Überleben nach dem Krieg	7
Flüchtlinge	8
Entnazifizierung	9
Ost-West-Gegensatz	10
Teilung Deutschlands	11
In guter Verfassung: das Grundgesetz	12
Koreakrieg 1950–1953	14
NATO und Warschauer Pakt	16
Kubakrise	17
Vietnamkrieg	18
Das Mädchen aus Vietnam	20
Entkolonialisierung	21
Fragen und Antworten	

2. Von der Teilung zur Einheit   22

Wirtschaftswunder	23
Schwieriger Start	24
Wirtschaft in Ost und West	25
Was geschah am 17. Juni 1953?	26
Auf dem Weg zur Demokratie	28
Frauen in Deutschland	29
Bau der Mauer	30
Reaktionen auf den Mauerbau	31
Jugend in der DDR	32
Jugend in der BRD	34
Frauen emanzipieren sich	35
Wandel durch Annäherung	36
Reformen in Osteuropa	38
Montagsdemonstrationen	39
Zwei-plus-Vier-Vertrag	40
Ernüchterung	41
Das Blaugeschlagene	42
Bundesrepublik Deutschland	44
Fragen und Antworten	45

3. Europäische Einheit — 46

Europa und der Stier — 47
Europa – ein Kontinent — 48
Völkervielfalt und Vorurteile — 50
Europas Wurzeln: Rom — 51
Europas Wurzeln: Christentum — 52
Stationen der Einigung — 53
Du und die EU — 54
So funktioniert die EU — 56
Die Türkei will in die EU — 58
Osman oder Ali Baba — 59
Wissenswertes über Europa — 60
Europa in der Karikatur — 62
Fragen und Antworten — 63

4. Globalisierung — 64

Warum Krieg? — 65
Eine Sache für die UNO — 66
Bundeswehr im Auslandseinsatz — 68
Entwicklungsländer — 69
Bevölkerungswachstum — 70
Entwicklungshilfe — 71
Energie und Umwelt — 72
Treibhauseffekt — 73
Nahostkonflikt — 74
Durchweinte Nächte — 76
Menschen wollen — 78
Fragen und Antworten — 79

Kalter Krieg

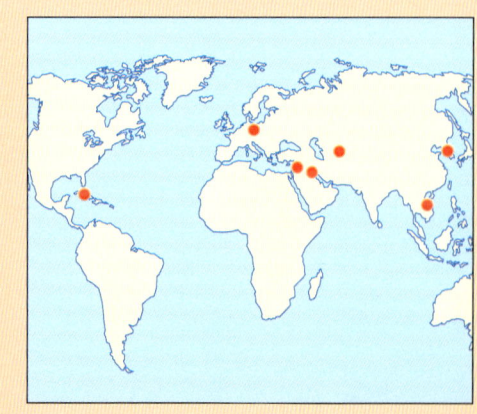

Nach dem Zweiten Weltkrieg zerbrach das Bündnis der Siegermächte. Die Spannungen zwischen den USA und der Sowjetunion verschärften sich. Erneut drohte ein Weltkrieg. Dass es nicht dazu kam, sondern nur zu einem „Kalten Krieg", lag auch an der Atombombe. Ein Rüstungswettlauf begann (s. die Karikatur von Horst Haitzinger, 1981). Beide Supermächte versuchten, ihren Einflussbereich zu vergrößern. Das führte in Deutschland zur Entstehung zweier Staaten: der Bundesrepublik Deutschland (BRD) und der Deutschen Demokratischen Republik (DDR).

1945   *1949–1989*   *April 1949*   *1949–1989*

Neueste Zeit

• Konferenz von Potsdam   ⊢ Kalter Krieg   • Gründung der NATO   ⊢ Teilung Deutschlands

Stunde Null

In der Nacht vom 8. auf den 9. Mai 1945 unterzeichnete die Führung der deutschen Wehrmacht die bedingungslose Kapitulation. Eine deutsche Regierung gab es nicht mehr. Deutschland lag in Schutt und Asche. Chaos und der verzweifelte Kampf ums Überleben prägten den Alltag.

M1 Trümmerlandschaft Nürnberg. Foto, 1945.

1. *Schildere, wie die enormen Zerstörungen auf dem Foto M1 entstanden sind.*

_____

2. *Was bedeutet bedingungslose Kapitulation?*

_____

_____

3. *Warum wohl hatten die Alliierten auf der bedingungslosen Kapitulation Deutschlands bestanden?*

_____

_____

4. *Erläutere den Satz: Mit der Kapitulation schlug für Deutschland die Stunde Null.*

_____

Besatzungszonen

Auf den Konferenzen in Jalta (Februar 1945) und Potsdam (Juli/August) 1945 bestimmten die Siegermächte unter anderem:

- Die Sowjets behalten die polnischen Gebiete aus dem Hitler-Stalin-Pakt von 1939.
- Polen erhält als Entschädigung die deutschen Gebiete östlich von Oder und Neiße zur Verwaltung.
- Deutschland wird in eine amerikanische, sowjetische, englische und französische Besatzungszone geteilt.
- Die deutsche Hauptstadt Berlin wird in vier Sektoren geteilt und gemeinsam verwaltet.
- Ein alliierter Kontrollrat regelt alle Fragen zur Deutschlandpolitik einstimmig.

M1 Anweisung des US-Generalstabs, 1945:

„... Deutschland wird nicht besetzt zum Zwecke seiner Befreiung, sondern als ein besiegter Feindstaat ... Bei der Durchführung der Besetzung und Verwaltung müssen Sie gerecht, aber fest und unnahbar sein. Die Verbrüderung mit deutschen Beamten und der Bevölkerung werden Sie streng unterbinden ...“

Zit. nach Direktive JCS 1067 vom 26. April 1945.

1. Was hielten die Amerikaner damals von den Deutschen (s. M1)?

_____

_____

_____

_____

M2 Besatzungszonen. Karte.

Amerikanische Zone	Französische Zone
Britische Zone	Sowjetische Zone

Grenze zwischen Westzonen und SBZ seit 1.7.1945
Oder-Neiße-Linie seit Juli 1945
1945 Gründung der Länder in Westzonen und SBZ
Verwaltungsbezirke in den Besatzungszonen

0   100   200 km

2. Welche Länder gehören a) zur sowjetischen, b) zur britischen, c) zur amerikanischen und d) zur französischen Zone?

_____

_____

_____

_____

_____

_____

_____

3. In der Kartenlegende von M2 steht: „Grenze zwischen Westzonen und SBZ“. Wofür ist SBZ die Abkürzung?

Überleben nach dem Krieg

„Wie bekomme ich meine Familie satt?", war die Sorge vieler Mütter. Zu kaufen gab es kaum etwas, nicht einmal auf Lebensmittelkarten. Geld war nicht viel wert. Nur auf dem „Schwarzen Markt" konnte man fast alles bekommen – vorausgesetzt, man hatte Wertsachen zum Tauschen.

M1 _____

M2 _____

M3 _____

1. *Um zu überleben, <u>tauschten</u> (A), <u>fringsten</u> (B) und <u>hamsterten</u> (C) die Leute. Trage die richtigen Buchstaben in die weißen Kästchen ein (M1 bis M3).*

2. *Suche eine Überschrift für M1, M2 und M3, die aus einem Hauptwort besteht.*

3. *Erläutere einen der drei unterstrichenen Begriffe.* _____

_____

_____

_____

M4 Nürnberg. Foto, 1945.

4. *Das Foto M4 ist dir in die Hände gefallen. Erkennst du, warum die Leute in der Schlange stehen? (Tipp: Viele Leute halten Eimer oder Kanister in den Händen.)*

_____

_____

Flüchtlinge

Millionen Menschen flohen vor den Russen, Millionen wurden vertrieben. Auf dem Weg nach Westen kamen viele um. Für diejenigen, die ihr Ziel erreichten, gab es selten einen Willkommensgruß.

M1 Flüchtlingstreck aus Ostpreußen. Foto, um 1945.

1. *Zähle auf, was die Flüchtlinge wohl mitgenommen haben.*

_____

_____

_____

_____

_____

_____

2. *Unterscheide Flüchtlinge, Vertriebene und Umsiedler (z. B. aus Ostpolen).*

_____

_____

_____

M2 Ein Journalist schreibt über Flüchtlinge: Sie sprechen einen anderen Dialekt, sie reden dauernd von der verlorenen Heimat. Sie verstärken die ohnehin schon vorhandenen Ernährungs-, Wohnungs- und Arbeitsschwierigkeiten. Sie sind Eindringlinge, die den Einheimischen aufgezwungen, die ihnen einfach in die Wohnungen und in die noch ganz gebliebenen Häuser gesetzt werden.

Zit. nach Hagen Rudolph, Die verpassten Chancen, Hamburg (Gruner und Jahr) 1979, S. 36.

M3 Wellblechbaracke. Foto, 1945.

3. *Was hätte die Flüchtlingsfrau (M3) auf die Vorwürfe der Einheimischen (M2) erwidern können?*

_____

_____

Entnazifizierung

Die Alliierten hatten angekündigt, die nationalsozialistische Führung vor Gericht zu stellen. Auch deren Anhänger sollten zur Verantwortung gezogen werden. Am 20. November 1945 wurde vor einem internationalen Militärgerichtshof der Prozess gegen 24 Hauptkriegsverbrecher eröffnet.

M1 Nürnberger Prozess. Foto, 1945 oder 1946.

1. *Auf dem Foto M1 siehst du in der vorderen Reihe (von links nach rechts) Hermann Göring, Rudolf Heß, Joachim von Ribbentrop, Wilhelm Keitel; dahinter, von links nach rechts: Karl Dönitz, Erich Raeder, Baldur von Schirach, Fritz Sauckel.*
Suche dir einen Angeklagten aus, nenne seine Rolle im Dritten Reich und finde heraus, welche Strafe er in Nürnberg erhalten hat.

_____

_____

2. *Warum haben die Alliierten Nürnberg als Gerichtsort gewählt? Streiche die falschen Antworten durch:*
   a) *Nürnberg lag verkehrsmäßig günstig.*
   b) *Auf den Nürnberger Parteitagen hatten die Nazis ihre Macht demonstriert.*
   c) *Nürnberg war kaum zerstört. Die Stadt war einer der wenigen Orte, welcher die Prozessbeteiligten und die zahlreichen Journalisten beherbergen konnte.*

3. *Über die Entnazifizierung informiert der Lückentext. Setze die Wörter richtig ein: Alliierten, Arbeitslager, entnazifizieren, Mitläufer, NSDAP-Mitglieder.*

M2 Vor der Spruchkammer. Foto, 1949.

Die _____ hatten beschlossen, den

Nationalsozialismus auszurotten bzw. Deutschland

zu _____ . Um alle

_____ zu überprüfen, wurden ab

1946 Spruchkammern eingerichtet, welche die

Nazis u. a. einteilten in: Hauptschuldige, _____ und Entlastete. Wer Schuld

auf sich geladen hatte, konnte z. B. in ein _____ eingewiesen werden.

4. *Sprecht über die Gebärde der Frau (M2) vor der Spruchkammer, die von den Alliierten als typisch deutsch bezeichnet wurde.*

Ost-West-Gegensatz

Schon kurz nach Kriegsende traten die unterschiedlichen Interessen der Supermächte zutage. Die USA setzten sich für Demokratie und Marktwirtschaft ein, die UdSSR für Sozialismus und Planwirtschaft. Dieser Gegensatz führte 1949 zur Teilung Deutschlands.

1. *Die Zeichnung M1 zeigt die Sieger des Zweiten Weltkriegs: Stalin auf der einen, Roosevelt und Churchill auf der anderen Seite nach der gemeinsamen Tötung der Schlange (Hitler). Was sagt die Karikatur über das Verhältnis der Sieger aus?*

_____

Westen

M1 „Entwurf für ein Siegerdenkmal" von R. Gilsi. Schweizer Illustrierte, 11. April 1945.

Osten

2. *Schreibe die folgenden Merkmale in die „östliche" bzw. in die „westliche" Spalte: Einparteiensystem, individuelle Freiheit, Marktwirtschaft, parlamentarische Demokratie, Planwirtschaft, sozialistische Gesellschaft.*

3. *Was sollte aus Deutschland nach den Plänen der UdSSR und der Westmächte werden?*

_____

_____

4. *Weder die UdSSR noch die Westmächte konnten über ganz Deutschland verfügen. Welche Entwicklung lässt sich für die Zonen vorhersehen (s. M2)?*

M2 Die Teilung Deutschlands. Karikatur.

Teilung Deutschlands

Um der Not leidenden Bevölkerung zu helfen, aber auch um den Einfluss der Sowjetunion einzudämmen, verkündeten die Amerikaner den „Marshallplan", ein Hilfsprogramm für Europa. Als sich daraufhin die Spannungen zwischen den USA und der UdSSR verschärften, schlossen die drei westlichen Besatzungsmächte ihre Zonen zur „Trizone" zusammen. Sie ermächtigten die Ministerpräsidenten der Länder, eine Verfassung auszuarbeiten.

1. *Das Rätsel ist bereits gelöst. Wie heißt das Lösungswort in der richtigen Spalte?* _____

```
            K O N T R O L L R A T
        T R I Z O N E
P A R L A M E N T A R I S C H E R     R A T
    B E R L I N E R   B L O C K A D E
            W Ä H R U N G S R E F O R M
M A R S H A L L P L A N
        G R U N D G E S E T Z
```

M1 _____

M2 _____

M3 _____

2. *Das Rätsel nennt Begriffe, die unmittelbar mit der Teilung zu tun haben. Suche dir einen Begriff aus und erläutere ihn.*

_____

_____

_____

_____

3. *Suche aus dem Rätsel eine Überschrift für M1, M2 und M3.*

4. *Für gute Kombinierer: M4 zeigt ein Lebensmittelgeschäft 1948. Was bedeutet der Satz auf der Tafel „Ab heute alles ohne"?*

M4 Foto, 1948.

_____

_____

_____

_____

In guter Verfassung: das Grundgesetz

Im Mai 1949 wurde das Grundgesetz verabschiedet. Es sollte nur für eine Übergangszeit gelten – bis Deutschland vereint sei. Das Grundgesetz ist eine demokratische Verfassung: Alle Macht geht vom Volk aus. Rechtsprechung, ausführende Gewalt und Gesetzgebung liegen nicht in einer Hand.

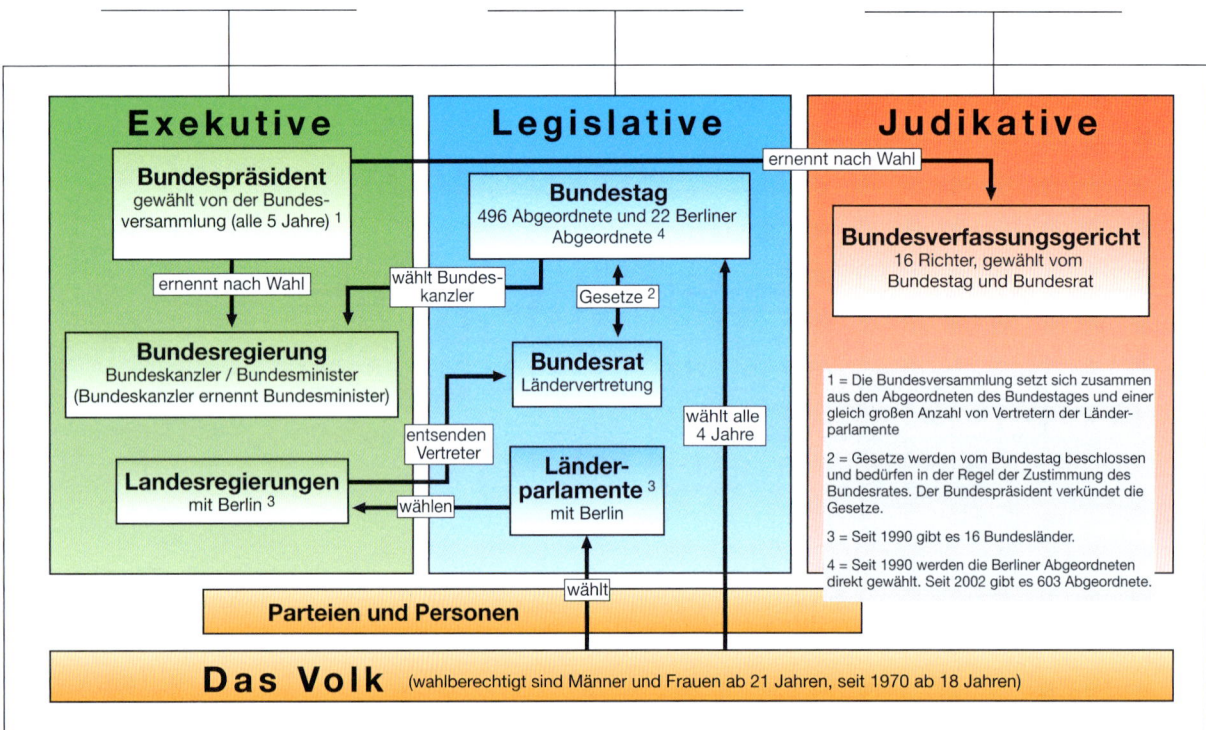

M1 Staatsaufbau der Bundesrepublik Deutschland. Schaubild.

1. *Schreibe in M1 über die lateinischen Fachbegriffe die deutschen Ausdrücke.*

2. *Beantworte die folgenden Fragen mithilfe des Schaubilds (M1).*

    a) *Wer ist für die Gesetzgebung zuständig?*

    _____

    b) *Wer wählt den Bundeskanzler?*

    _____

    c) *Wer wählt den Bundespräsidenten?*

    _____

M2 Stimmabgabe. Foto.

3. *Begründe: Der Wähler bestimmt, wo es langgeht.* _____

_____

Koreakrieg 1950–1953

Auch wenn es wegen der Atombombe nicht zum Krieg zwischen den Supermächten kam, so wurden dennoch Stellvertreterkriege geführt, wie in Korea.

1. *Über den Koreakrieg informiert der Lückentext. Setze die folgenden Wörter richtig ein: Grenze, Korea, Nordkoreaner, Regierung, Sowjets, Truppen, Waffenstillstand.*

Nach der Niederlage Japans besetzten die Amerikaner den

Süden und die _____ den Norden Koreas,

das eine japanische Kolonie gewesen war. Der 38. Breiten-

grad bildete die vorläufige _____. Da es

auch nach Abzug der ausländischen Armeen nicht gelang, ei-

ne gemeinsame _____ zu bilden,

blieb _____ ähnlich wie Deutschland eine

geteilte Nation. Am 25. Juni 1950 überfielen nordkoreanische

_____ den Süden (1). Die Vereinigten

Staaten griffen im Auftrag der UNO in den Konflikt ein und

drängten die _____ weit zurück (2),

bis chinesische „Freiwillige" das Kriegsblatt wendeten (3). Im

Juli 1953 kam es zum _____.

Der 38. Breitengrad blieb die alte und neue Grenze.

2. *Die militärischen Vorstöße sind im Lückentext mit Zahlen versehen. Trage diese in die Kreise auf der Karte ein.*

3. *Deute das Foto M1.* _____

_____

4. *Was denkst du, wenn du das Foto M3 siehst?*

_____

_____

M1 Krieg in Korea. Foto, 1950.

M2 Kriegsverlauf 1950–1953. Karte.

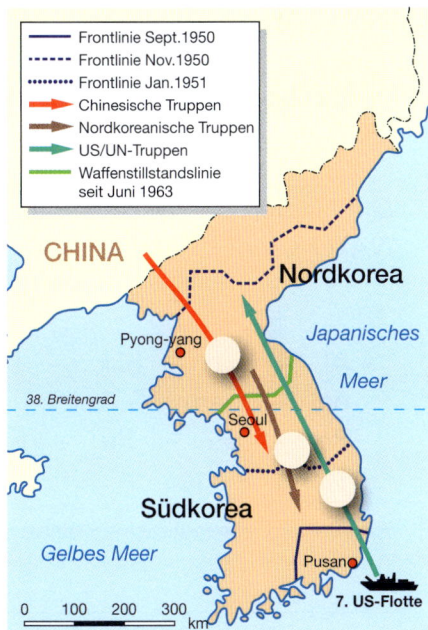

M3 Frau mit Kind. Foto, 1951.

NATO und Warschauer Pakt

Im April 1949 schlossen die USA, Kanada und westeuropäische Staaten ein militärisches Bündnis, die NATO (North Atlantic Treaty Organization), um sich vor einem russischen Angriff zu schützen. Als die Sowjetunion 1955 im Gegenzug mit osteuropäischen Staaten den Warschauer Pakt bildete, begann ein jahrzehntelanges Wettrüsten. Die beiden deutschen Staaten gehörten nun zwei Militärbündnissen an, die sich feindlich gegenüberstanden.

1. *In der Zeit des Kalten Krieges gehörten 16 Staaten der NATO an. Du findest sie im Silbenrätsel. Schreibe sie auf.*

> Bel – blik – bri – Bun – burg – chen – da – Dä – de –
> der – des – Deutsch – ei – en – en – en – en – Frank – gal –
> gen – gi – Grie – Groß – Ita – Is – Ka – kei – lan – land –
> land – land – Lu – li – mark – na – ne – ni – ni – nig –
> Nie – Nor – Por – pu – re – reich – Spa – Staa – tan – te –
> ten – tu – Tür – Ver – we – xem

_____

_____

2. *Die Namen der Warschauer-Pakt-Staaten findest du auf die gleiche Weise wie die der NATO-Länder.*

> Al – ba – blik – Bul – cho – en – en – en – De – Deut –
> ga – garn – kei – kra – len – mä – mo – ni – ni – on –
> Po – pu – Re – Ru – ri – sche – sche – slo – So – ti –
> Tsche – uni – Un – wa – wjet

_____

_____

M1 Deutschland 1945 und 1955. Karikatur von Felix Mussil.

3. *Deute die Karikatur. (Wen stellen die vier Personen dar? Beachte die Jahreszahlen.)*

_____

_____

_____

4. *Was bedeutete es für die beiden deutschen Staaten, in verschiedenen Militärbündnissen zu sein?*

_____

_____

_____

5. *Male auf der Karte die NATO-Staaten blau und die Warschauer-Pakt-Staaten rot.*

M2 Militärbündnisse. Karte.

Kanada

USA

Finnland

Schweden

Norwegen

Dänemark

UdSSR

Irland

Berlin

Groß-
britannien

Nieder-
lande

Bundes-
rep.

DDR

Polen

Belgien

Tschechoslowakei

Deutsch-
land

Lux.

Öster-
reich

Ungarn

Frankreich

Schweiz

Rumänien

Jugoslawien

Bulgarien

Portugal

Italien

Albanien

Spanien

Türkei

Griechenland

Kubakrise

Fidel Castro stürzte 1959 den Diktator Batista und machte aus Kuba ein kommunistisches Land. 1962 entdeckten US-Aufklärer auf der Insel sowjetische Raketenabschussbasen. US-Präsident Kennedy forderte Kuba und die UdSSR ultimativ auf, diese sofort wieder abzubauen.

M1 „Was für eine Unverschämtheit, mir Raketen vor die Haustür zu stellen!" Karikatur, 1962.

M2 Reichweite sowjetischer und amerikanischer Raketen. Karte.

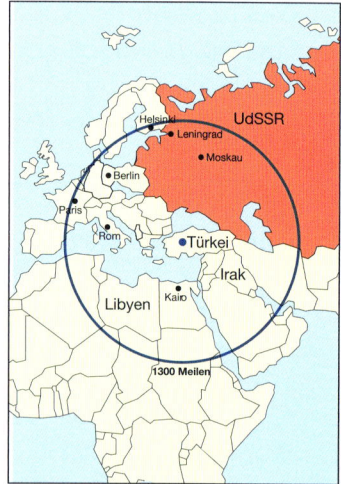

1. *Verhalten sich die Sowjets mit der Aufrüstung Kubas aggressiv, unverschämt, verständlich, provozierend? Streiche die unzutreffenden Adjektive durch und begründe deine Ansicht.*

M3 Erinnerungen von Frau H. aus Bonn an die Kubakrise:
Ich war 12 Jahre und erinnere mich noch genau an die bedrückende Stimmung zu Hause. Den ganzen Morgen hörten meine Eltern Radio. Dann saßen sie mit Onkel und Tante bei uns in der Küche und sprachen über die aktuelle politische Lage.

(Verfassertext)

2. *Wovor hatte die Familie H. aus Bonn (M3) solche Angst? Kuba war doch weit weg.*

3. *Wenn du die Karikatur (M4) genau betrachtest, weißt du, wie die Kubakrise ausging.*

M4 Die Präsidenten Chruschtschow und Kennedy. Unterschrift: „Einverstanden, Herr Präsident, wir wollen verhandeln." Karikatur in der „Daily Mail", 29.10.1962.

Vietnamkrieg

Nach einem blutigen Krieg hatte sich Vietnam 1954 von der Kolonialmacht Frankreich befreit. Auf der Genfer Indochina-Konferenz wurde das Land vorläufig geteilt: in ein kommunistisches Nordvietnam und ein westlich ausgerichtetes Südvietnam. Schon bald entstand in Südvietnam eine kommunistische Widerstandsbewegung, der Vietcong.

1. *Über den Vietnamkrieg informiert der Lückentext: Setze die folgenden Wörter richtig ein: Kampfstoffe, Südvietnam, Truppen, Verlusten, Vietcong, Vietnamkrieg.*

M1 Vietnam 1954. Karte.

Die Vereinigten Staaten betrachteten _____

als Bollwerk gegen den Kommunismus. Sie unterstützten die

Regierung mit _____ im Kampf gegen den

_____. Daraus entwickelte sich der

_____. Der Krieg wurde auf beiden Seiten

mit grausamer Härte geführt. Die Amerikaner scheuten sich nicht, chemische

_____ einzusetzen. Das Foto M2 zeigt vietnamesische Kinder nach

einem Angriff mit Napalmbomben. 1973 verließen die amerikanischen Truppen nach hohen

_____ das Land. Drei Jahre später wurde Vietnam kommunistisch.

M2 _____

2. *Suche eine Titelzeile für das Foto M2, aufgenommen in Südvietnam am 8. Juni 1972.*

Das Mädchen aus Vietnam

M1 Der Historiker Guido Knopp hat nach Jahren die Vietnamesin Kim Phuc Phan Ti (s. Foto auf S. 17, M2) ausfindig gemacht und sich mit ihr über die Ereignisse von damals unterhalten.

Sie kommt mir entgegen: Eine zierliche junge Frau von siebenundzwanzig Jahren – man sieht ihr an, dass sie gerne lächelt. „Welcome", sagt sie,
5 „welche Ehre, dass ihr diese lange Reise nur für mich gemacht habt."
Die Passanten gehen an dem Mädchen aus Vietnam vorüber... Keiner scheint es zu erkennen.
Doch irgendwann einmal haben alle das Foto ge-
10 sehen: Weltweit wurde es in Tausenden von Zeitungen veröffentlicht und seitdem immer wieder gezeigt, ein Symbol für den Irrsinn des Krieges: Nackt und mager, beide Arme im Schock vom Leib abgespreizt, schreiend vor Schmerzen,
15 den Mund im Heulen weit offen, flieht ein kleines Mädchen im Vietnamkrieg entlang einer Land-straße, umgeben von anderen verängstigten Kindern und Soldaten mit Gewehren – im Hinter-grund verbrannte Wälder, Feuer, Krieg.
20 Die New York Times schrieb damals: „Es fällt schwer angesichts solcher Aufnahmen, den Glauben an die Menschheit nicht zu verlieren."
Das geschah am 8. Juni 1972, und die kleine Kim Phuc Phan Ti war neun Jahre alt. An diesem Tag
25 begann die südvietnamesische Armee eine Großoffensive gegen den Vietcong, der ... über zwei Drittel des Landes besetzt hielt.
Amerikanische Kampfflugzeuge unterstützten den Angriff. Jagdbomber ... nahmen Kurs auf das Dorf
30 Trang Bang bei Saigon, den Heimatort Kim Phucs. Die Piloten warfen Napalm-Bomben ab, die Wälder und Menschen verbrennen. Der klebrige Feuer-regen hat sich damals tief in die Haut der kleinen Vietnamesin gefressen – und der Augenblick in ihr
35 Gedächtnis.
Wir sitzen in ihrem winzigen Studentenzimmer. Die Kamera läuft. Das Mädchen erzählt: „Am Morgen dieses Tages haben wir schon geahnt, dass etwas passieren würde. Die ganze Nacht über
40 wurde ständig geschossen. Die Vietcong-Soldaten waren nachts in unser Dorf gekommen. Die Regierungstruppen wussten das und wollten sie um jeden Preis vertreiben."
Die Vietcong hoben drei mannstiefe Gruben aus
45 und errichteten Maschinengewehrstellungen.

Dem Besitzer erklärten sie, diese werden ihn von den Söldnern der Regierung befreien helfen. Solange die Kämpfe dauerten, solle er doch mit seiner Frau und den sechs Kindern in den
50 Dschungel ziehen. Dort und nur dort, bei den Vietcong, seien sie in Sicherheit.
Du Ngoc widersprach nicht offen, das wäre unklug gewesen. Er tat so, als füge er sich, schlug dann aber einen anderen Weg ein. Die Familie schlich
55 sich heimlich zurück ins Dorf, in den Schutz der Pagode.
Das Innere des Tempels war mit Menschen über-füllt. Sie hatten nicht gewagt, vor den Vietcong zu den Regierungstruppen zu flüchten, dadurch
60 wären sie zwischen die feindlichen Linien geraten. Und zu den Vietcong in den Dschungel trauten sie sich auch nicht – das hätte ihnen die Chance ge-nommen, ins Dorf heimzukehren, sollte es die süd-vietnamesische Armee zurückerobern. Denn auf
65 „Zusammenarbeit" mit den Rebellen standen harte Strafen.
Den ganzen Tag über war um das Dorf gekämpft worden ... Doch der Vietcong verteidigte sich hartnäckig. Am Nachmittag waren fünf Sturm-
70 angriffe der Armee zurückgeschlagen worden, ein Drittel der Häuser von Trang Bang zerstört. Um vier Uhr nachmittags erklärte Brigadegeneral Le Van Tu das Dorf zum „Vietcong-Versteck" und gab es zur Bombardierung frei.
75 „Auf einmal wurde geschrien: Bomben, sie werfen Bomben. Dann hörten wir ein schreckliches Heulen und gleich darauf die ersten Explosionen. Die Pagode war getroffen worden und stand sofort in Flammen. Wir hatten panische Angst. Mein
80 Onkel schrie: ‚Alle raus, sonst verbrennen wir noch!' Und so rannten wir ins Freie und auf der Straße entlang zur Brücke.
Ich hatte das Gefühl, als ob mein Körper von in-nen nach außen verbrannte, und sah nichts mehr,
85 nur Feuer überall. Auf einmal waren Regierungs-soldaten da. Einer versuchte, mir die Kleider vom Leib zu reißen, aber seine Hände verbrannten da-bei. Ein anderer warf seine Jacke auf mich. Sie versuchten meinen Körper zu löschen, aber es

90 gelang ihnen nicht, und ich schrie und schrie, weil ich entsetzliche Schmerzen hatte. Dann riefen die Soldaten: ‚Weg! Lauft alle weg!' Und ich rannte los, nackt, wie ich war."

Sie deutet auf das Foto (s. S. 17, M2): „Ganz links, 95 das ist mein Bruder. Und rechts von mir, da läuft mein Cousin. Wir rannten und rannten, und endlich kamen wir an die Brücke, dort warteten die Reporter."

Unter ihnen war der Fotograf Huynh Cong Ut, der 100 das Bild seines Lebens schoss. Er erhielt dafür den Pulitzer-Preis.

„Sie haben Wasser über uns geschüttet, und wir haben geschluckt und getrunken, und mir war heiß, so heiß. Dann wusste ich auf einmal gar 105 nichts mehr. Ich wurde ohnmächtig."

Das Napalm hatte sich in ihren Rücken, in den Nacken und vor allem in den linken Arm gefressen. Kim Phuc wurde nach Saigon gebracht, in das amerikanische Coray-Hospital.

110 Die Ärzte wussten um die plötzlich weltweite „Berühmtheit" ihres Schützlings. In den kommenden zwölf Monaten wurde sie ... sorgfältig behandelt und Besuchern als Beispiel für Amerikas humanitäres Engagement vorgeführt. Kim Phuc 115 nennt diese Zeit ... das „Jahr des Schmerzes".

Zit. nach Guido Knopp, Bilder, die Geschichte machten, München (Thienemann) 1992, S. 10ff., gekürzt.

M2 Kim Phuc. Foto, Havanna 1996.

1. *Warum flohen die Dorfbewohner in den Tempel?*

_____

_____

_____

_____

2. *Auf welcher Seite standen die Dorfbewohner während des Krieges?*

_____

_____

_____

3. *Inwiefern hatte das Foto, das in einigen Tausend Zeitungen veröffentlicht wurde, eine politische Wirkung?*

_____

_____

4. *Nenne Vor- und Nachteile der freien Berichterstattung während des Vietnamkriegs.*

_____

_____

Entkolonialisierung

Nach dem Zweiten Weltkrieg wurden viele afrikanische und asiatische Kolonien unabhängig. Sie hatten sich ihre Freiheit in der Regel blutig erkämpft. Eine Ausnahme bildete Indien, wo Mahatma Gandhi den gewaltlosen Widerstand praktizierte. Seine Waffe gegen die britische Kolonialmacht hieß ziviler Ungehorsam.

1. *Was ziviler Ungehorsam bedeutet, darüber informiert der Lückentext. Setze die folgenden Wörter richtig ein: Befehle, Beispiel, Bürger, Engländer, Gandhi, Gegner, gewaltfrei, Regeln, Spinnrad, Ungehorsam, Widrigkeiten.*

Wer aus Gewissensgründen völlig _____

gegen Gesetze verstößt oder staatliche _____

missachtet, ist ein ungehorsamer _____. Er

nimmt in Kauf, für seinen _____ be-

straft zu werden. Mahatma _____ hat sich bei

seinem Kampf gegen die _____ von

M1 Mahatma Gandhi am Spinnrad. Foto, um 1930.

folgenden _____ leiten lassen: keine Wut kennen, sich nicht rächen, den

_____ achten, sich einer Festnahme fügen und _____ ertragen.

Ein _____ für zivilen Ungehorsam war das Spinnen, das in Indien verboten war.

Das _____ wurde zum Symbol des Widerstands.

2. *Warum hatten die Engländer den Indern verboten, selbst Stoffe herzustellen?*

_____

M2 Ein indischer Freiheitskämpfer meint zu Beginn des 20. Jh.:
Die große Masse des Volkes ist unwissend und hält zäh an alten Denkweisen und Gewohnheiten fest. Jeden Wandel lehnt sie ab. In unserem Land leben 70 Millionen Muslime, die alle nationalen Bestrebungen mehr oder weniger ablehnen. Die Macht liegt in den Händen von ausländischen Beamten.

Frei nach Dietmar Rothermund, Der Freiheitskampf Indiens, Stuttgart (Klett) 1981, S. 29 f.

3. *Was hältst du von gewaltlosem Widerstand?*

_____

_____

4. *Welche Probleme sieht der Freiheitskämpfer auf ein unabhängiges Indien zukommen (s. M2)?*

_____

_____

_____

1. Löse das Silbenrätsel. Die Zahl am Ende der Zeile nennt den Buchstaben für das Lösungswort, den du unten in das Kästchen einträgst.

> ba – blech – brü – Bul – cke –
> cke – dhi – en – ent – et – fi –
> Flücht – ga – Gan – ge – lin –
> lin – Luft – Na – na – nam –
> ne – on – ren – ra – ri – So –
> Sta – to – uni – Vi – Well –
> wjet – zi – zie – Zo

a) Heimatlose, s. Bild (10) _____

b) Notunterkunft (12) _____

c) Versorgung Berlins durch Flugzeuge (2) _____

d) Westliches Verteidigungsbündnis (1) _____

e) Führer der indischen Unabhängigkeitsbewegung (4) _____

f) Mitglied des Warschauer Pakts (4) _____

g) Stellvertreterkrieg in einem südasiatischen Land (3) _____

h) Eine der beiden Supermächte (1) _____

i) Besetzter Teil Deutschlands (4) _____

j) Einer der „Großen Drei" in Potsdam, s. Bild (2) _____

k) Den Nationalsozialismus ausrotten (6) _____

Lösungswort:

a	b	c	d	e	f	g	h	i	j	k

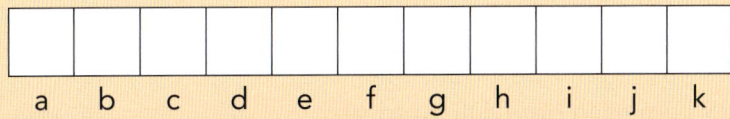

Von der Teilung zur Einheit

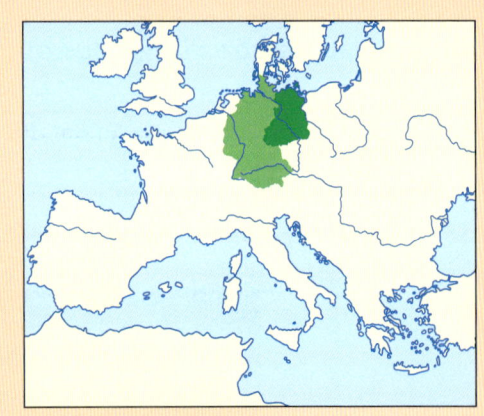

Die gesellschaftlichen und wirtschaftlichen Unterschiede zwischen der Bundesrepublik und der DDR führten dazu, dass sich beide Staaten auseinanderlebten. Die neue Ostpolitik der Bundesregierung aus SPD und FDP leitete in den 70er-Jahren die Aussöhnung mit den Ostblock-ländern ein. Im Herbst 1989 kam es in der DDR zu fried-lichen Protestkundgebungen, die das kommunistische System erschütterten. In der Nacht vom 9. November 1989 wurde die Berliner Mauer geöffnet (s. Foto). Am 3. Oktober 1990 wurde Deutschland vereint.

1949	ab 1950	1953	1961

Neueste Zeit

- Gründung der Bundes-republik und der DDR
- ▶ Wirtschaftswunder in der Bundesrepublik
- ▶ Volksaufstand in der DDR
- Bau der Mauer

Wirtschaftswunder

Die CDU setzte in der Bundesrepublik die soziale Marktwirtschaft durch. Ein unglaublicher Wirtschaftsaufschwung begann und stärkte die junge Demokratie. Den meisten Bürgern ging es bald besser als je zuvor.

M1 Soziale Marktwirtschaft. Schaubild.

1. *Nenne fünf Wirtschaftszweige (M1).*

_____

_____

_____

_____

2. *Wer bestimmt letztlich, was produziert wird?*

_____

3. *Erläutere, wie Angebot und Nachfrage den Preis bestimmen.*

M2 Neubau. Foto, 1955.

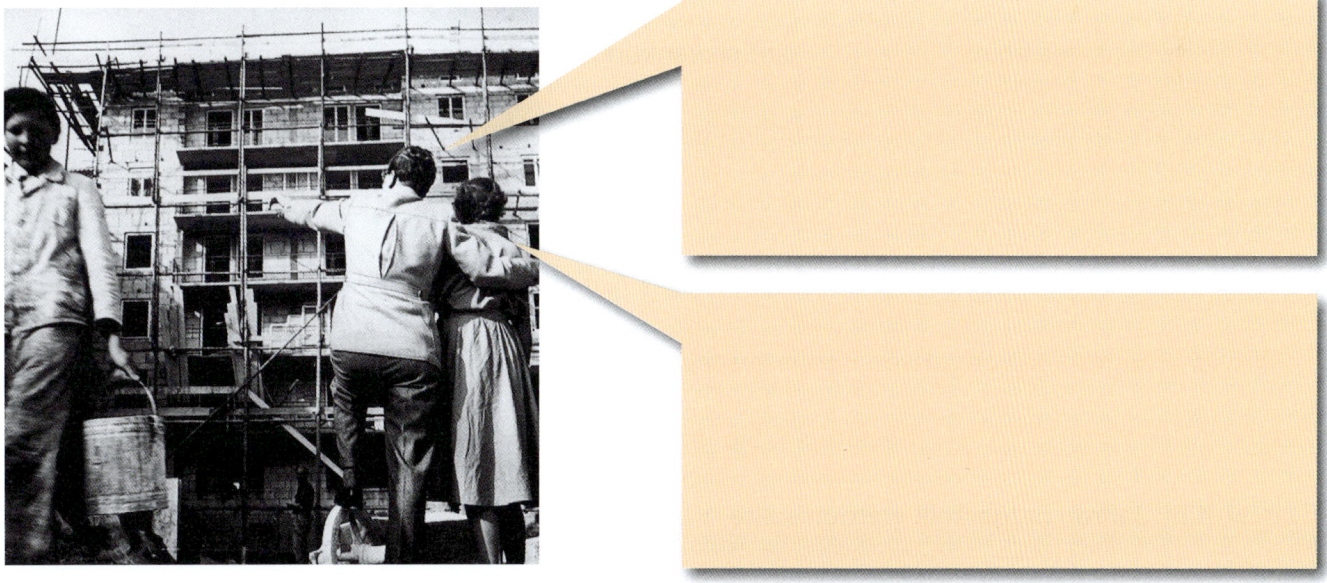

4. *Schreibe in die Kästchen, was die Personen in M2 gerade sagen oder denken.*

ab 1969	*ab 1985*	*9. November 1989*	*3. Oktober 1990*

▶ Neue Ostpolitik der Regierung Brandt/Scheel   ▶ Reformen in Osteuropa   • Öffnung der Berliner Mauer   • Vereinigung Deutschlands

Schwieriger Start

Die DDR hatte viel schlechtere Startbedingungen als die Bundesrepublik. So musste sie – obwohl kleiner – etwa dreimal so viel Kriegsentschädigung zahlen wie Westdeutschland.

1. *M1 nennt einen weiteren Grund, warum es die DDR beim Wiederaufbau des Landes schwerer hatte als die BRD.*

   _____

   _____

2. *Warum lehnten die Kommunisten die Marshallplan-Hilfe ab?*

   _____

   _____

   _____

3. *Versuche herauszubekommen, was „SED" (s. M1) bedeutet.*

   _____

4. *Der Lückentext informiert über Markt- und Planwirtschaft. Setze die Wörter richtig ein: Arbeitnehmer, Bedürfnissen, Kommunisten, Marktes, Planwirtschaft, Strandkörbe, Wirtschaftsflaute.*

   Die Wirtschaft des freien _____ ist Schwankungen unterworfen. Aufschwünge und Flauten wechseln miteinander ab. Unter der

   Rezession (= _____) haben besonders die

   _____ zu leiden. Dieses Auf und Ab der

   Wirtschaft mit seinen negativen Begleiterscheinungen wollten die

   _____ beseitigen. Sie legten in einem Plan fest, was in den nächsten vier

   bzw. fünf Jahren hergestellt werden sollte. Während der freie Markt sich rasch auf neue Trends

   einstellt, kommt es bei der _____ vor, dass sie an den _____

   der Bevölkerung vorbeiproduziert und z. B. _____ erst im Winter anbietet.

5. *Versucht in der Klasse, das Plakat M2 zu deuten.*

M1 Plakat der SED, 1947.

M2 Wiederaufbau, Plakat.

Wirtschaft in Ost und West

In der Marktwirtschaft herrscht das Prinzip von Anbot und Nachfrage. In der Planwirtschaft wird den Betrieben, die nun „gesellschaftliches Eigentum" sind, vorgeschrieben, was sie zu produzieren oder zu leisten haben. Die zentrale Planungsbehörde legt auch Preise und Löhne fest.

M1

1. Beschrifte M1 und M2. In den Überschriften sollen die Begriffe *DDR* bzw. *BRD* vorkommen.

2. Färbe die Kästchen rot oder grün, je nachdem, ob der Ausdruck bezeichnend für die Ost- oder Westwirtschaft ist.

| immenses Warenangebot |

| Werbung |

| volkseigene Betriebe | | Wettbewerb |

| sicherer Arbeitsplatz |

| Eigeninitiative |

| stabile Preise | | | | |

M2

3. Vielleicht kennst du weitere Merkmale für die Planwirtschaft oder den freien Markt. Notiere sie ebenfalls in Kästchen.

4. Entwirf mit einem Partner ein Gespräch von Personen, die vor dem Geschäft warten (M1).

Was geschah am 17. Juni 1953?

Auf einem Dachboden entdeckst du einen Briefumschlag. Er enthält ein Plakat (M1) und ein Foto (M2). Auf der Rückseite der Aufnahme steht: 17. Juni 1953.

1. *Du möchtest gern wissen, was sich damals ereignet hat. Aufmerksam liest du die Bekanntmachung (M1). Einige Wörter sind dir unklar. Finde zunächst heraus, was sie bedeuten, z. B.:*

M1 Erklärung der DDR-Regierung vom 17. Juni 1953.

Bekanntmachung

Maßnahmen der Regierung der Deutschen Demokratischen Republik zur Verbesserung der Lage der Bevölkerung sind von faschistischen und anderen reaktionären Elementen in Westberlin mit Provokationen und schweren Störungen der Ordnung im demokratischen Sektor beantwortet worden. Diese Provokationen sollen die Herstellung der Einheit Deutschlands erschweren.

Der Anlaß für die Arbeitsniederlegung der Bauarbeiter in Berlin ist durch den gestrigen Beschluß in der Normenfrage fortgefallen.

Die Unruhen, zu denen es danach gekommen ist, sind das Werk von Provokateuren und faschistischen Agenten ausländischer Mächte und ihrer Helfershelfer aus deutschen kapitalistischen Monopolen. Diese Kräfte sind mit der demokratischen Macht in der Deutschen Demokratischen Republik, die die Verbesserung der Lage der Bevölkerung organisiert, unzufrieden.

Die Regierung fordert die Bevölkerung auf:

1. Die Maßnahmen zur sofortigen Wiederherstellung der Ordnung in der Stadt zu unterstützen und die Bedingungen für eine normale und ruhige Arbeit in den Betrieben zu schaffen.

2. Die Schuldigen an den Unruhen werden zur Rechenschaft gezogen und streng bestraft.
Die Arbeiter und alle ehrlichen Bürger werden aufgefordert, die Provokateure zu ergreifen und den Staatsorganen zu übergeben.

3. Es ist notwendig, daß die Arbeiter und die technische Intelligenz in Zusammenarbeit mit den Machtorganen selbst die notwendigen Maßnahmen zur Wiederherstellung des normalen Arbeitsverlaufes ergreifen.

DIE REGIERUNG
DER DEUTSCHEN DEMOKRATISCHEN REPUBLIK

Otto Grotewohl
Ministerpräsident

Berlin, den 17. 6. 1953

Normenfrage:
Den Arbeitern wird in der Planwirtschaft vorgeschrieben, was sie in einer bestimmten Zeit zu leisten haben. Über diese Normen wurde damals diskutiert.

reaktionäre Elemente:

_____

_____

_____

faschistische Agenten:

_____

_____

_____

_____

technische Intelligenz:

_____

_____

_____

Provokation, Provokateur:

_____

_____

_____

kapitalistische Monopole:

_____

_____

_____

2. *Du hast die Bekanntmachung sorgfältig gelesen. Schreibe auf, was sich demnach am 17. Juni oder kurz vorher ereignet hat. Wer wird für die Vorfälle verantwortlich gemacht?*

_____

_____

_____

M2 Ostberlin. Foto, 17. Juni 1953.

3. *Welche zusätzlichen Informationen zu den Juni-Ereignissen liefert das Foto?*

_____

_____

M3 Gedicht von Bertolt Brecht
Die Lösung
Nach dem Aufstand des 17. Juni
Ließ der Sekretär des Schriftstellerverbands
In der Stalinallee Flugblätter verteilen,
Auf denen zu lesen war, dass das Volk
Das Vertrauen der Regierung verscherzt habe
und es nur durch verdoppelte Arbeit
Zurückerobern könne. Wäre es da
Nicht doch einfacher, die Regierung
Löste das Volk auf und
Wählte ein anderes?

Zit. nach Die Gedichte von Bertolt Brecht in einem Band, hg. v. Suhrkamp Verlag, 6. Aufl. Frankfurt a. M. (Suhrkamp) 1981, S. 1009 f.

4. *Wie würdest du die Vorfälle im Juni bezeichnen? Umkreise den nach deiner Ansicht richtigen Begriff und begründe: Protestmarsch – Unruhe – Aufstand.*

_____

_____

5. *Äußere dich zu Brechts Gedicht.*

_____

_____

_____

Auf dem Weg zur Demokratie

Ein Land, in dem freie Wahlen abgehalten werden, ist noch lange kein demokratischer Staat. Demokratie ist eine Lebensform. Ihre Merkmale sind Toleranz, Kompromissbereitschaft und kritisches Engagement. Bis diese „gewachsen" sind, vergehen meist Jahre.

1. *In der jungen Bundesrepublik setzten sich recht bald die alten Vorstellungen wieder durch. Wieso ist das Foto M1 ein Beweis dafür?*

_____

_____

_____

_____

2. *Aber es gab auch Lichtblicke. Als 1962 die Obrigkeit „zuschlug", kam es zu heftigen Protesten (s. M2). Finde heraus, um welche Affäre es sich handelt und berichte kurz darüber.*

M1 Familie in den 50er-Jahren. Foto, 1956.

_____

_____

_____

_____

M2 Bürger demonstrieren. Foto, 1962.

Frauen in Deutschland

In der Deutschen Demokratischen Republik wie in der Bundesrepublik hieß es: Männer und Frauen sind gleichberechtigt. Doch wie sah die Wirklichkeit aus?

1. *Die folgenden Sätze beziehen sich auf die BRD. Schreibe darunter, wie es in der DDR war. Die Buchstaben auf den Materialien helfen dir dabei.*

a) *Im Grundgesetz steht: „Männer und Frauen sind gleichberechtigt." (Artikel 3, Abs. 2)*

_____

_____

b) *Frauen erhielten in der Regel für die gleiche Arbeit weniger Lohn als Männer.*

_____

_____

c) *1980 waren rund 60 % aller Frauen erwerbstätig.*

_____

d) *Der Anteil der Frauen in typischen Männerberufen war gering.*

_____

e) *Eine allgemeine Betreuung für Grundschüler nach dem Unterricht gab es nicht.*

_____

_____

f) *Nach wie vor ist der zweite Sonntag im Mai Muttertag.*

_____

M1 Plakat zum Frauentag, 1954.

M2 Erwerbstätigkeit der Frauen in der DDR. Grafik.

(Grafik: Prozent, 1955: 52,5 — 1989: 78,1. Quelle: Matthias Judt (Hg.), DDR-Geschichte in Dokumenten, Bonn 1998, S. 214.)

M3 Aus der Verfassung der DDR von 1949:
Artikel 18, Abs. 4: Mann und Frau, Erwachsener und Jugendlicher haben bei gleicher Arbeit das Recht auf gleichen Lohn.

M4 Plakat zur Feier des sozialistischen Schulwesens, 1959. Ausschnitt.

Bau der Mauer

1959 fühlte sich die DDR stark genug, die Kollektivierung in der Landwirtschaft voranzutreiben. Viele Bauern ließen sich überzeugen, andere flohen in den Westen. Wer damals die DDR verlassen wollte, fuhr in der Regel nach Ostberlin. Von dort war es nicht allzu schwierig, in den Westteil der Stadt zu gelangen.

M1 Flüchtlinge aus der DDR. Grafik.

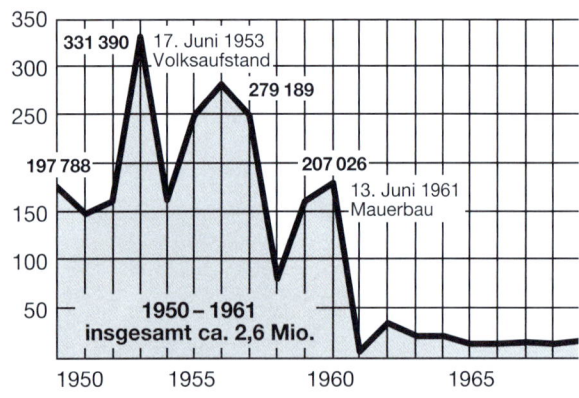

1. Stelle mithilfe des Schaubildes fest, wie viele Personen in den Jahren von 1951 bis 1960 aus der DDR geflohen sind.

Jahr	Flüchtlinge
1951	
1952	
1953	
1954	
1955	

Jahr	Flüchtlinge
1956	
1957	
1958	
1959	
1960	

2. Warum war die Zahl der Flüchtlinge 1953 so hoch? _____

_____

Dr. Emil Klapper, 37 Jahre, Arzt, (bessere Berufsaussichten im Westen)

Yvonne Micha, 28 Jahre, Sekretärin (private Probleme)

Joachim Schütte, 45 Jahre, Bauer (Kollektivierung)

Barbara Rogowski, 33 Jahre, Künstlerin (fühlt sich eingeengt)

3. Verfasse von einem der vier Republikflüchtlingen einige Abschiedszeilen. Führe auch den Grund der Flucht an (s. Klammer).

M3 Mauer in Berlin. Foto.

_____

_____

_____

_____

4. Warum sah sich die DDR-Regierung gezwungen, den Flüchtlingsstrom durch den Bau einer Mauer 1961 einzudämmen?

_____

Reaktionen auf den Mauerbau

Die Westmächte reagierten zurückhaltend auf den Bau der Mauer mitten durch Berlin. Zu gefährlich erschien ihnen ein Eingreifen. Auch Bundeskanzler Adenauer war ratlos. Er zeigte sich zunächst nicht in der Viersektorenstadt, was ihm die Berliner übel nahmen.

M1 „Bild"-Zeitung vom 16. August 1961.

1. Stelle fest, welches Amt zu dieser Zeit Kennedy, Macmillan, Adenauer und Brandt ausübten.

   _____

   _____

   _____

   _____

2. Wie urteilst du über das Verhalten der westlichen Politiker?

   _____

   _____

   _____

   _____

M2 Foto von Klaus Lehnartz, August 1961.

3. Was hältst du von dem Artikel in der „Bild"-Zeitung (M1)?

   _____

   _____

   _____

   _____

4. Versuche, das Foto M2 zu deuten.

   _____

   _____

   _____

Jugend in der DDR

Der SED-Staat war von Anfang an bemüht, die Jugend für sich zu gewinnen. Dabei spielte die FDJ (**F**reie **D**eutsche **J**ugend) eine wichtige Rolle. Sie hatte die Aufgabe, „klassenbewusste Kämpfer für den gesellschaftlichen Fortschritt heranzubilden". Bei der FDJ (für Jugendliche zwischen 14 und 25 Jahren) mit ihren Unterorganisationen „Junge Pioniere" (6–9 Jahre) und „Thälmannpioniere" (10–13 Jahre) gab es Unterricht, Sport, Spiel und vieles mehr.

M1 Aus einem Lesebuch für das zweite Schuljahr, Berlin 1952:

Im Frühjahr habe ich in der Schule aus dem Buch vorgelesen und – wie immer eine Vier bekommen. Am Ende der Stunde umringten mich die Kinder. „Elli, warum hast du wieder so schlecht gelesen?" – „Was geht dich das an? Es ist meine Sache." So wehrte ich mich. „Stimmt nicht, das ist auch meine Sache", sagte Erika. „Und meine auch", bestätigte Ruth. „Sieh mal, deine Vier schadet der ganzen Klasse. Wenn du so weiter machst, erfüllen wir unseren Lehrplan nicht." Ich dachte darüber nach und sah ein, dass meine Kameraden recht hatten. Auf dem nächsten Gruppenabend sagte ich den Pionieren, dass ich zu Hause keine Zeit hätte, um mehr zu lernen. Von dieser Zeit an halfen mir alle. Sie erklärten mir ganz genau, wie ich lernen und arbeiten muss. Sie halfen mir, wenn ich etwas nicht verstand. Sie baten mich zu sich, oder sie kamen zu mir. In kürzester Zeit hatte ich schon eine Drei im Lesen. Ich war sehr glücklich. Ich habe von ihnen gelernt, dass Arbeit eine Freude ist, wenn man sie richtig einteilt. Ich konnte immer besser lesen. Es verging nicht sehr viel Zeit, da hatte ich eine Zwei. Alle freuten sich mit mir darüber, und an der Wandzeitung stand: Elli hat eine Zwei im Lesen. Unsere Klasse hat ihren Lehrplan erfüllt.

Zit. nach Praxis Geschichte, Braunschweig (Westermann), Heft 4 (1993), S. 30.

M2 Aus einem offiziellen FDJ-Bericht:

Unsere FDJ-Mitglieder mit den besten Leistungen in einzelnen Unterrichtsfächern … übernehmen … Patenschaften über Freunde mit unzureichenden Lernergebnissen. Sie berichten in der Mitgliederversammlung darüber, wie sie mit den Freunden arbeiten, welche Probleme auftreten, wo Fortschritte erkennbar sind.

Zit. nach FDJ-Funktionär an der Oberschule, hg. v. Zentralrat der FDJ, Abteilung Schuljugend, Berlin (Ost) (Vlg. o. Angabe), Heft 2 (1975), S. 7.

1. *Hältst du die Lesebuch-Geschichte (M1) für glaubwürdig? Begründe deine Meinung.*

2. *Versuche, das Erziehungsziel dieser Geschichte zu umreißen. Beziehe M2 mit ein.*

3. *Nenne Vor- und Nachteile dieses Systems für die Jugendlichen.*

Viele Heranwachsende sind gern der FDJ beigetreten. Außerdem waren viele Mütter, die in der DDR meistens berufstätig waren, froh über das Betreuungsangebot. Der Staat übte aber auch Druck aus. So hatten Eltern, deren Kinder nicht in der FDJ waren, es erheblich schwerer, im Beruf voranzukommen.

4. Ein Junge auf dem Foto (M3) schreibt seinen Eltern eine Postkarte.

_____

_____

_____

_____

_____

M3 Thälmannpioniere auf Fahrt. Foto, 1988.

5. Schreibe in die Sprechblasen, was Jugendliche und Eltern von der FDJ halten. Stelle die Personen kurz vor.

Andreas, 12 Jahre, seit 4 Jahren Mitglied:

Frau Rosmanek, alleinerziehend, Arbeiterin, 34 Jahre:

M4 Lied der Rockband „Pankow", aus dem Rock-Stück „Paule Panke", 1982:

zum feierabend gibt's noch'n bonbon
'ne versammlung um fünfzehn uhr dreißig
mann es ist freitag kollege chef
du weißt doch da essen wir zeitig
da spricht wieder einer vom kampfauftrag
und verliest so'n langen bericht
mir schlafen wie immer die füße ein
da ist doch kein ende in sicht
ich sitze am tisch und langweile mich
die rede macht mich nicht an
mathilde sitzt meilenweit weg von mir
und ich komm nicht an sie ran
der Redner meint dass die sonne scheint
und dass wir alle stolz sein müssen
mathilde sieht mich nicht einmal an
und ich würde sie gerne küssen

6. Äußere dich zu dem Lied M4.

_____

_____

_____

Jugend in der BRD: Wir protestieren!

Ende der 60er-Jahre demonstrierten Studenten gegen den Vietnamkrieg und für mehr Demokratie. Ihr Kampf gegen den „Mief" in Schule, Elternhaus und Gesellschaft schuf neue Lebensformen und prägte die westdeutsche Alltagskultur.

M1 Einkaufsstraße in München. Foto, 1970.

1. *Die jungen Leute sprechen von Freiheit, die Alten von Sitte und Anstand. Schreibe in die Sprechblasen, was die Personen gerade sagen oder denken.*

M2 Demonstration in Berlin. Foto, 1968.

M3 Filmplakat von 1968.

2. *Die Demonstranten tragen Transparente mit den Köpfen von Rosa Luxemburg (1), Ho-Chi-Minh (2) und Lenin (3). Schreibe die Zahlen in die Kreise von M2 und informiere dich über diese Personen.*

3. *Protestierten die jungen Leute (M2) gegen Studiengebühren? Stelle Vermutungen an.*

_____

4. *Wogegen „protestierten" die „Aufklärungsfilme" (s. M3)?* _____

_____

Frauen emanzipieren sich

In der Bundesrepublik herrschte weiterhin das überlieferte Rollenverständnis zwischen Mann und Frau. Erst Ende der 60er-Jahre begannen die Frauen sich zu emanzipieren, das heißt, sich aus Abhängigkeiten zu befreien.

M1 Frauen demonstrieren. Foto, 1969.

1. *Wogegen protestieren die Frauen? Beachte ihr Transparent.*

_____

_____

2. *Was wollen die Frauen? Nenne konkrete Forderungen.*

_____

_____

_____

3. *Wofür wirbt das Plakat (M2)?*

_____

_____

_____

_____

M2 Plakat zum ersten „Internationalen Jahr der Frau", 1975.

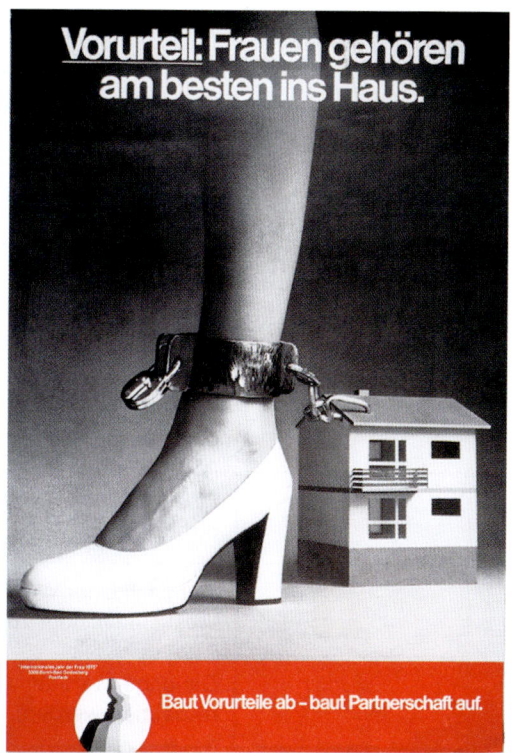

Wandel durch Annäherung

Die Regierung von Bundeskanzler Willy Brandt leitete 1969 eine neue Ostpolitik ein. Sie wollte vor allem das Verhältnis zur UdSSR, zu Polen und zur DDR entkrampfen. 1970 schloss sie den Moskauer und den Warschauer Vertrag, zwei Jahre später den Grundlagenvertrag mit der DDR.

M1 Adenauer bei Verhandlungen zum NATO-Beitritt der Bundesrepublik. Foto, London 1954.

M2 Brandt und Stoph in Erfurt. Foto, 1970.

1. *Nenne mithilfe von M1 und M2 die Schwerpunkte von Adenauers und Brandts Außenpolitik.*

_____

_____

_____

2. *Ordne die folgenden Sätze der Ostpolitik Konrad Adenauers oder Willy Brandts zu.*

Konrad Adenauer und die CDU	Ostpolitik	Willy Brandt und die SPD
ja	Entspannung ist die Voraussetzung für die Wiedervereinigung Deutschlands.	ja
ja	Eine Politik der Stärke ist die einzige Möglichkeit, um die Macht des Ostens einzudämmen.	ja
ja	Wir sind für Ausgleich und Versöhnung. Die Regierungen müssen miteinander ins Gespräch kommen.	ja
ja	Eine Anerkennung der derzeitigen Grenzen kommt nicht infrage.	ja
ja	Erst nach einer Wiedervereinigung Deutschlands können Ost und West aufeinander zugehen.	ja
ja	Die gegenwärtigen Grenzen in Deutschland und Europa müssen respektiert werden.	ja
ja	Allein die Bundesrepublik vertritt Deutschland.	ja

3. „Politik der kleinen Schritte – Wandel durch Annäherung." Erläutere diesen Ausspruch Egon Bahrs, eines Vertrauten von Willy Brandt.

_____

_____

M3 Bundeskanzler Brandt kniet vor dem Mahnmal im ehemaligen Warschauer Getto. Foto, 1970.

4. Über das Warschauer Getto informiert der Lückentext. Setze die folgenden Wörter richtig ein: Aufstand, Getto, Herrschaft, Juden, Nazis, Riga, Vernichtungslager.

Während der nationalsozialistischen _____ in Osteuropa wurden

Gettos – Stadtviertel nur für _____ – eingerichtet, so in Warschau, Kowno, Lodz, Lublin

und _____. Im Warschauer _____ lebten mehr als 400 000 Juden, zusammen-

gepfercht unter unmenschlichen Bedingungen. Ihr _____ gegen die Transporte in die

_____ wurde von den _____ blutig niedergeschlagen und

das Getto vernichtet.

5. Was hältst du von Brandts Kniefall, der in der Bundesrepublik heftige Diskussionen auslöste?

_____

_____

_____

Reformen in Osteuropa

1985 wurde Michail Gorbatschow zum Generalsekretär der Kommunistischen Partei gewählt.
Er wollte die Sowjetunion reformieren und das kostspielige Wettrüsten mit den USA beenden.

1. *1987 änderte sich das Verhältnis der Sowjetunion zu den Ostblockstaaten. Setze die fehlenden Buchstaben ein, und du erfährst den neuen Grundsatz:*

| W | I | C | | T | | | S | T | E | | | R | A | H | | | | B | E | D | I | N | - |

| | | | G | | D | | R | | P | O | | | T | I | | | | E | N |

| B | E | Z | | | H | U | | | | N | | Z | W | I | | | | | N |

| D | | N | | S | O | Z | | | L | I | S | | | C | H | E | N |

| S | T | | T | E | N | M | | S | | D | E | | A | B | S | | - |

| L | | | E | | U | N | | | H | Ä | N | G | I | G | K | | | T |

| D | I | | | E | R | S | T | | | T | E | N | S | E | | N |

2. *Welche Möglichkeiten werden nun den Ostblockstaaten eingeräumt?*

_____

_____

3. *Was verrät das Foto M1 über den neuen politischen Kurs in Ungarn?*

_____

_____

_____

_____

_____

4. *Am 7. Oktober 1989 riefen Demonstranten auf dem Alexanderplatz in Ostberlin: „Gorbi, Gorbi, hilf uns." Was erwarteten sie vom sowjetischen Generalsekretär?*

M1 Ungarische Grenzsoldaten zerschneiden den „Eisernen Vorhang", den Grenzzaun nach Österreich. Foto, 27. Juni 1989.

_____

_____

Montagsdemonstrationen

1989 flohen viele Tausend DDR-Bürger – hauptsächlich über Ungarn – in die Bundesrepublik. Mehr als die Hälfte von ihnen waren junge Leute zwischen 18 und 30 Jahren. In zahlreichen Großstädten der DDR kam es zu Protestkundgebungen wie montags in Leipzig.

M1 Montagsdemonstration in Leipzig. Foto, 9. Oktober 1989.

August
Reisefreiheit statt
Massenflucht!

November
Lieber eine Wanze im Bett
als eine in der Steckdose
Lass dich nicht BRDigen
Wider-Vereinigung
DEUTSCHLAND EINIG VATERLAND

September
Wir wollen raus!
Wir bleiben hier!
40 Jahre Qualen – wir fordern freie Wahlen!

Oktober
Visafrei bis Hawaii
WIR SIND DAS VOLK
Produzieren statt spionieren
Stasi in die Produktion, nur
für Arbeit gibt es Lohn

Dezember
West-Müll blockieren
statt krepieren

1. *Erläutere zwei Forderungen der Demonstranten, die sich kritisch mit den Zuständen in der DDR befassen.*

_____

_____

_____

2. *Vergleiche die Parolen vom Oktober mit denen im November. Was fällt dir auf?*

_____

_____

3. *Im Oktober hieß es: WIR SIND DAS VOLK; später: WIR SIND EIN VOLK (s. M2). Worin liegt der Unterschied?*

_____

M2 Plakat der Leipziger Montagsdemonstrationen, 1989.

Zwei-plus-Vier-Vertrag

Das Ausland stand teilweise dem deutschen Einigungsstreben misstrauisch gegenüber. Mit dem Zwei-plus-Vier-Vertrag, der die Stelle eines Friedensvertrags einnahm, gelang es, Bedenken zu zerstreuen.

M1 Der Friedensvertrag, 12. September 1990.

Der 2+4 Vertrag

Die wichtigsten Vertragsinhalte

Das vereinte Deutschland umfasst die Bundesrepublik, die DDR und ganz Berlin

Die bestehenden Grenzen sind endgültig. Keine Gebietsansprüche Deutschlands gegen andere Staaten. Bestätigung der Oder-Neiße-Grenze durch deutsch-polnischen Vertrag

Deutschland bekräftigt sein Bekenntnis zum Frieden und seinen Verzicht auf ABC-Waffen

Beschränkung der deutschen Streitkräfte auf 370 000 Mann

Abzug der sowjetischen Truppen aus der DDR und Ostberlin bis Ende 1994

Danach dürfen NATO-angehörige deutsche Truppen, aber keine ausländischen Streitkräfte, keine Atomwaffen und keine Atomwaffenträger auf ostdeutschem Gebiet stationiert werden

Beendigung der Viermächte-Rechte und -Verantwortlichkeiten in Bezug auf Berlin und Deutschland als Ganzes

Volle Souveränität des vereinten Deutschland

„Vertrag über die abschließende Regelung in Bezug auf Deutschland" vom 12.9.1990

ZAHLENBILDER

1. *Wer sind die zwei Vertragspartner auf der einen und wer die vier auf der anderen Seite?*

_____

_____

_____

_____

_____

_____

2. *Erläutere, mit welchen Zusagen Deutschland Ängste des Auslands abgebaut hat (M1).*

Angst des Auslands	Deutschland
– vor deutschen Gebietsansprüchen im Osten	
– vor einem kriegerischen Deutschland	
– vor einem militärisch starken Deutschland	
– vor einem deutschen Überfall im Osten	

3. *Deute die Karikaturen M2.*

_____

_____

_____

_____

M2 Karikaturen von Dietmar Dänecke, 1977.

Ernüchterung

Am 3. Oktober 1990 wurde die Deutsche Demokratische Republik Teil der Bundesrepublik Deutschland. Der „Tag der Deutschen Einheit" ist seitdem ein nationaler Feiertag. Die Wiedervereinigung ist zwar politisch vollzogen, aber die wirtschaftliche Umstellung und die soziale Angleichung laufen nicht ohne Erschütterungen ab.

M1 Karikatur von Jürgen Tomicek, 1992.

M2 Aschermittwoch. Karikatur von Horst Busse, 1990.

1. *Worauf wollen die Karikaturen M1 und M2 aufmerksam machen?*

_____

_____

_____

M3 Marode Produktionsanlagen. Foto, 1990.

2. *In der DDR war Arbeitslosigkeit nahezu unbekannt. Viele Berufstätige waren daher geschockt, als sie nach der Wende ihre Arbeit verloren. Unten stehen Gründe für die trostlose Lage in den neuen Bundesländern. Erläutere einen Grund.*

a) *Umstellung von der Plan- auf die Marktwirtschaft.*
b) *Der Handel mit den ehemaligen Ostblockstaaten brach ein.*
c) *Viele Fabrikanlagen waren völlig veraltet.*

_____

_____

_____

_____

Das Blaugeschlagene

M1 Die Geschichte spielt in der DDR, im Sommer 1989. Eine Schriftstellerin erzählt:

Sie waren fünf (…) – drei Jungen und zwei Mädchen. Sie trafen sich morgens an einer bestimmten Straßenecke, um zusammen zur Schule zu gehen, und nachmittags auf dem Hof mit den
5 Garagen, um Moped zu fahren. Einer musste Wache stehen, damit kein Polizist kam und sie überraschte. (…) Der Hof war dort, wo Golo und Jacob wohnten. Sie sahen deren Küchenfenster und Jacobs Balkon, auf dem er manchmal, in warmen
10 Sommernächten schlief. Über sich hatte er nichts als den Sternenhimmel, und Martha musste oft daran denken, wie es wäre, wenn sie auf einem solchen Balkon nachts läge.
Irgendwann im Leben, dachte sie, werde ich auch
15 mein Bett auf einen Balkon stellen und das erleben. Sie stellte es sich sehr aufregend vor. Genau unter Jacobs Balkon war das grellblaue Fenster. Es sah wie ein blaugeschlagenes Auge aus. Sie nannten es: das Blaugeschlagene.
20 In den großen Ferien waren sie selten auf dem Hof. Jeder war in eine andere Richtung verreist, der Sommer war lang. Als im September die Schule wieder begann, trafen sie sich gleich am ersten Nachmittag an der gewohnten Stelle hinter den
25 Garagen. Thomas hatte viel an seinem Moped gebaut, er zeigte stolz die Teile, die er auf dem Schrottplatz gefunden und repariert hatte. Golo ließ den Motor aufheulen, sie drehten eine Runde und dann standen sie, schwiegen, bis Susanne auf
30 das Blaugeschlagene wies und sagte: „Das sieht ja immer noch so blöd aus." Sonst aber hatte sich alles verändert. „Geht ihr jetzt über Ungarn?", fragte Martha. Golos Familie saß seit zwei Jahren auf gepackten Koffern. Manchmal hatte es Zeichen
35 gegeben, dass die Übersiedlung kurz bevorstünde. Dann wieder wussten die Behörden von nichts (…). Auch Golo schien sich an den Schwebezustand gewöhnt zu haben. – „Wir gehen nicht über Ungarn", sagte Golo. „Warum nicht?" „Wir
40 wollen offiziell gehen." Achselzucken bei den anderen. Sie verstanden es nicht.
Martha sah auf Jacobs Haare … Sie hatte eigentlich immer Golo schöner gefunden. Er konnte so schön aus seinen Augen gucken. Aber in Golo,
45 sagte ihre Freundin Susanne, durfte man sich nicht verlieben. Eines Tages würde er fortgehen, und dann war er in einer anderen Welt, und man saß allein hier rum. Susanne sprach viel vom Verlieben, es war ihr Thema Nummer eins. Martha
50 dachte auch daran, aber noch mehr dachte sie daran, dass sie später Ärztin werden wollte.
Was war SPÄTER? Jetzt, wo sie wieder auf dem Hof standen, war etwas daran anders geworden, irgendwie unscharf. Sie hatte doch genaue Vorstel-
55 lungen davon gehabt. Sie wusste, dass sie den Sprung in die Oberschule schaffen musste, und zwar jetzt, im ersten Halbjahr der neunten Klasse. Plötzlich mischte sich etwas ein. Es hieß BOTSCHAFT und UNGARN und PRAG: Jeden Abend
60 starrten sie auf die viel zu hohen Eisengitterzäune, über die Taschen und Koffer und Bündel und später sogar Kinder geworfen wurden. Es waren alles Filme, und sie saßen als Zuschauer vor dem Fernseher. Aber es waren keine ausgedachten
65 Filme, das alles war Wirklichkeit.
Am ersten Oktober rollten die Sonderzüge aus Prag und Warschau über die Grenze zur Bundesrepublik. Sie rollten nachts, und es war gespenstisch, was da geschah. Sie sprachen schon morgens auf dem
70 Schulweg davon. Es war aber so, als ob sie sich einen spannenden Krimi erzählten, den sie im Kino gesehen hatten. Am Sonntagnachmittag, als sie sich wie üblich bei den Garagen trafen, sagte Golo: „Nadja ist weg." Nadja war seine große
75 Schwester. Sie war neunzehn. Zwei Tage später war sie wieder da, und Golo erzählte Unglaubliches. Man hatte sie am Arnimplatz mit mehreren hundert anderen Jugendlichen auf Lastwagen gezerrt und in Tiefgaragen gebracht,
80 wo sie stundenlang ohne Essen und Trinken und ohne die Toilette benutzen zu dürfen an der Wand stehen mussten. „Meine Schwester", sagte Golo, „ist nämlich eine gefährliche Konterrevolutionärin. Sie hat es gewagt, zum Bittgottesdienst in die
85 Kirche zu gehen und danach still mit einer Kerze am Straßenrand zu stehen."

Zit. nach Eva Maria Kohl, Das Blaugeschlagene, in: Wahnsinn. Geschichten vom Umbruch in der DDR, hg. v. Peter Abraham u. Margarete Gorschenek, Ravensburg (Otto Meier) 1990, gekürzt.

1. Unterstreiche im Text die Stellen, die vom Blaugeschlagenen handeln, und versuche, die Überschrift zu deuten.

_____

_____

_____

_____

2. In der Erzählung ist von „BOTSCHAFT und UNGARN und PRAG" die Rede. Was hat sich dort
abgespielt?

_____

_____

_____

M2 Ankunft der Sonderzüge mit DDR-Flüchtlingen aus Prag in Hof, Bayern. Foto, 5. Oktober 1989.

3. Welchen Eindruck machen die Flüchtlinge auf dich?

_____

_____

_____

Bundesrepublik Deutschland

Die Bundesrepublik besteht aus 16 Ländern. In ihnen leben rund 82 Millionen Menschen.
Deutschlands Hauptstadt heißt Berlin.

1. Die Karte zeigt die 16 Bundesländer, deren Namen links aufgeführt sind. Verbinde diese mit
ihren Hauptstädten.

2. Trage die Namen der Hauptstädte auf der Karte ein. Die Anfangs-
buchstaben sind bereits notiert.

M1 Bundesrepublik Deutschland, seit 1990.

Schleswig-Holstein

Mecklenburg-Vorpommern

Niedersachsen

Bremen

Hamburg

Sachsen-Anhalt

Berlin

Brandenburg

Nordrhein-Westfalen

Hessen

Thüringen

Sachsen

Rheinland-Pfalz

Saarland

Baden-Württemberg

Bayern

1. Löse das Silbenrätsel. Die Zahl am Ende der Zeile nennt den Buchstaben für das Lösungswort, den du unten in das Kästchen einträgst.

Ade – ba – Bot – cker – er –
er – frei – gen – gen – Gor –
Grund – heit – Ho – la – Leip –
mann – Mau – nau – ne – nie –
o – on – pi – Plan – Re – re –
Rei – rin – schaft – schaft – se –
si – Thäl – Thü – trag – tschow –
ver – wirt – zes – zig

a) Erster Kanzler der Bundesrepublik (3) _____

b) Organisation der Freien Deutschen Jugend (5) _____

c) Symbol der deutschen Teilung (2) _____

d) Staatsratsvorsitzender der DDR (3) _____

e) Wirtschaftsflaute (3) _____

f) Forderung von DDR-Demonstranten (3) _____

g) Ort der Montagsdemonstrationen (4) _____

h) Wirtschaftsform der DDR (3) _____

i) Zufluchtsort für DDR-Flüchtlinge im Ausland (3) _____

j) Neues Bundesland (5) _____

k) Sowjetischer Generalsekretär, s. Bild (2) _____

l) Abkommen zwischen der BRD und der DDR, s. Bild (4) _____

Lösungswort:

a	b	c	d	e	f	g	h	i	j	k	l

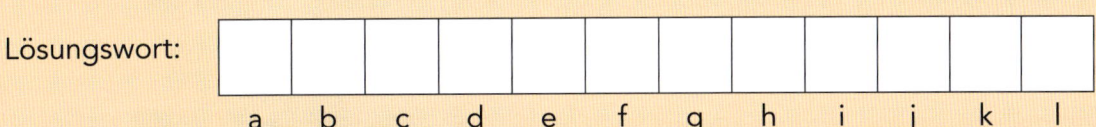

Egon Bahr und Michael Kohl beim Austausch der Vertragsdokumente im Bonner Bundeskanzleramt am 8. November 1972.

Europäische Einheit

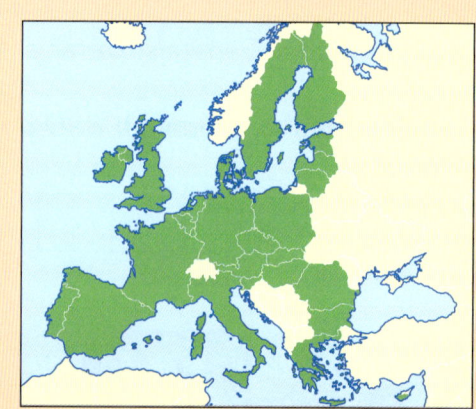

Nach dem Zweiten Weltkrieg wünschten sich viele Menschen ein geeintes Europa, um in Frieden zu leben. Seitdem haben sich 27 Staaten zur Europäischen Union (EU) zusammengeschlossen. Die Jugendlichen vor dem Europäischen Parlament in Straßburg begrüßen neue EU-Mitglieder (s. Foto, 2004).
Problemlos kann man heute von einem Land ins andere reisen. Und statt vieler Währungen gibt es den Euro. Doch auf Europa warten noch zahlreiche Aufgaben. Gelingt es, das nationale Denken zu überwinden?

1951	1957	1967	1979

Neueste Zeit

▸ Montanunion: gemeinsamer Markt für Kohle und Stahl

▸ Europäische Wirtschaftsgemeinschaft (EWG) (6 Gründungsmitglieder)

▸ Europäische Gemeinschaft (EG)

▸ Erste Direktwahl des Europäischen Parlaments (9 Mitgliedstaaten)

Europa und der Stier

Woher stammt der Name Europa? Viele Wissenschaftler glauben, aus dem Akkadischen. Die Akkader lebten vor einigen Tausend Jahren im Zweistromland, im heutigen Irak. Asu heißt in ihrer Sprache „aufgehen" und erebu „untergehen". Asu oder Asien ist das Land, in dem die Sonne aufgeht, also das Morgenland. Erebu oder Europa ist das Land, in dem die Sonne untergeht, das Abendland.

1. *Suche im Atlas den Irak. Wie heißen die zwei Flüsse des Zweistromlandes?*

   _____

2. *Die alten Griechen erklärten den Namen Europa mit einer Sage. Über diese informiert der Lückentext. Setze die folgenden Wörter richtig ein: Erdteil, Europa, Freundinnen, Götter, Göttin, Heimweh, Königstochter, Kreta, Meer, Name, Rücken, Strand, Stier, Zeus.*

   Europa war eine phönizische Königstochter. Einst spielte sie mit ihren _____

   am _____ des Mittelmeeres. Da erblickte Zeus, der höchste der griechischen

   _____, das hübsche Mädchen und verliebte sich in sie. Um sich _____

   zu nähern, verwandelte er sich in einen weißen Stier. Die _____ fand Gefallen an

   dem zahmen _____ und schwang sich auf seinen _____. Darauf hatte _____

   nur gewartet. Gemächlich trabte er mit Europa ans Wasser, sprang mit einem Satz ins

   _____ und schwamm davon. In _____ ging er an Land und gab sich zu erkennen.

   Europa gebar ihm drei Kinder. Dennoch wurde sie krank vor _____. Die _____

   der Liebe tröstete sie und versprach: „Europa, dein

   _____ wird unsterblich werden. Der _____,

   der dich aufgenommen hat, wird von nun an ‚Europa' heißen."

M1 Griechische 2-Euro-Münze.

3. *Finde heraus, wie die griechische Göttin der Liebe heißt.*

   _____

| 1991 | 1993 | 1999/2002 | 2005 | 2007 |

- Vertrag von Maastricht: gemeinsame Außen-, Sicherheits- und Währungspolitik (EU)
- ► EU-Binnenmarkt
- Einführung des Euro
- Europäische Verfassung scheitert
- EU hat 27 Mitgliedstaaten

Europa – ein Kontinent

Europa lässt sich als ein Teil Asiens ansehen (s. M1). Seine Selbstständigkeit als Erdteil ist vor allem historisch-kulturell begründet. Als Ostgrenze gelten: das Uralgebirge und der Ural-Fluss, das Kaspische Meer und Asowsche Meer. Europa ist mit rund zehn Millionen Quadratkilometern der zweitkleinste Kontinent.

1. *Manche zählen fünf Erdteile – denk an die fünf olympischen Ringe –, andere sechs, weil sie Nord- und Südamerika unterscheiden. Trage auf M1 die Namen der Erdteile ein.*

2. *In Europa gibt es zurzeit 47 Staaten. Suche ihre Namen in dem Silbenrätsel. Die Karte M2 hilft dir dabei. Sie ist in Englisch beschriftet, der Sprache, mit der du am besten durch Europa kommst.*

M1 Erdkarte.

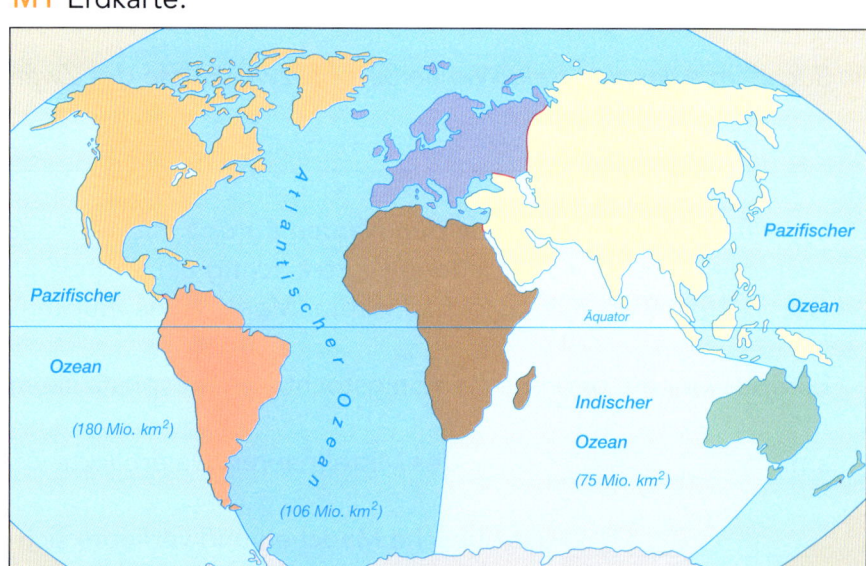

a – Al – An – ba – Bel – bi – Bos – bri – Bul – burg – chen – chi – co – Dä – dau – de – den – der – Deutsch – do – dor – en – en – en – en – en – en – en – en – en – en – en – en – en – Est – Finn – Frank – ga – gal – garn – gen – gi – go – Grie – gro – Groß – Her – i – Ir – Is – Ita – kan – kei – kei – Ko – Kro – lan – land – land – land – land – land – land – land – land – land – len – Lett – li – Li – Liech – Lu – Ma – Ma – mä – Mal – mark – Mo – Mol – Mon – na – na – ne – ne – ne – ni – ni – ni – ni – ni – ni – ni – Nie – no – Nor – Ös – pern – Po – Por – ra – ra – reich – reich – ri – ri – Ru – Russ – russ – San – Schwe – Schweiz – Ser – Slo – Slo – so – Spa – stadt – stein – ta – tan – tau – te – ten – ter – ti – ti – Tsche – tu – Tür – Uk – Un – Va – vo – wa – we – we – Weiß – wi – xem – ze – ze – Zy

M2 Englische Europa-Karte.

Iceland

Atlantic

Ocean

Finland

Norway

Sweden

Ireland

Denmark

Estonia

North Sea

Baltic Sea

Latvia

Russia

United
Kingdom

Nether-
lands

Lithuania

to Russia

Belarus

Belgium

Germany

Poland

Luxembourg

Czech Republic

Ukraine

France

Slovakia

Switzerland

Liechten-
stein

Austria

Hungary

Moldova

Slovenia

Romania

Portugal

Monaco

San Marino

Croatia

Black Sea

Andorra

Spain

Vatican City

Bosnia-
Herzegovina

Serbia

Monte-
negro

Kosovo

Adriatic Sea

Italy

Macedonia

Albania

Turkey

Mediterranean Sea

Greece

Aegean Sea

0   250   500   750   1000
km

0   200   400   600
miles

Malta

Cyprus

Völkervielfalt und Vorurteile

Deutsche seien offenherzig, geistreich und verschwenderisch. In der Mode äfften sie alles nach, und die Zeit vertrieben sie sich mit Trinken. So urteilte ein Künstler zu Beginn des 18. Jahrhunderts. Urteile über Völker sind in der Regel unzulässige Verallgemeinerungen, Vorurteile, die unüberlegt übernommen werden.

1. *Schreibe auf, welche Dinge Sebastian Krüger (M1) mit Holland verbindet.*

M1 Holland in Not. Karikatur von S. Krüger, 1994.

_____

_____

_____

_____

_____

_____

2. *Wieso heißt die Karikatur „Holland in Not"?*

_____

_____

_____

3. *Kennst du positive Eigenschaften der Holländer?*

_____

_____

4. *Welche Eigenschaften sagt man heute den Deutschen nach? Suche mehrere Adjektive.*

_____

_____

5. *Vergleicht eure Ergebnisse in der Klasse. Erstellt eine Liste der meistgenannten Eigenschaften.*

6. *Was meinst du: Können Vorurteile über Völker das Zusammenwachsen Europas erschweren?*

_____

Europas Wurzeln: Rom

Was verbindet die europäischen Staaten? Eine gemeinsame Wurzel reicht 2000 Jahre zurück und heißt: Rom. Zahlreiche europäische Länder gehörten einst zum Römischen Reich und wurden von ihm geprägt.

M1 Das Römische Reich zur Zeit seiner größten Ausdehnung, um 117 n. Chr.

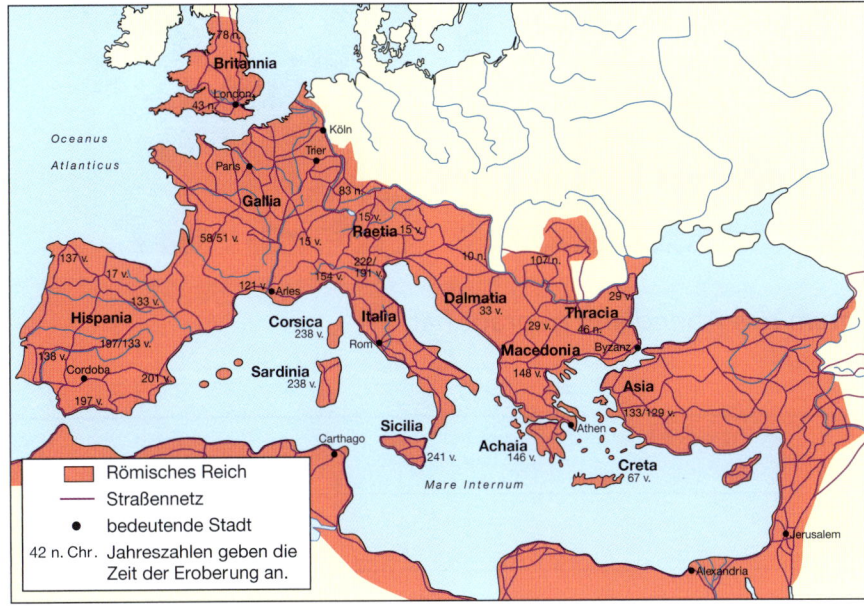

1. Stelle mit dem Atlas fest, welche europäischen Staaten ganz oder teilweise auf ehemals römischem Boden liegen.

_____

_____

_____

_____

_____

_____

2. Welchen Beitrag leistete das römische Straßennetz zur „europäischen Einheit"?

_____

M2 Bau einer Römerstraße. Zeichnung.

M3 Frau mit Schreibtafel und Griffel. Pompeji, 1. Jh. n. Chr.

3. Notiere, was die Europäer den Römern zu verdanken haben. Berücksichtige M2 und M3.

_____

_____

Europas Wurzeln: Christentum

Nach dem Mailänder Toleranzedikt 313 breitete sich das Christentum rasch im Römischen Reich und später in fast allen Teilen Europas aus.

M1 Mönche bei der Arbeit. Zeichnungen.

1. Weise nach, wie sehr das Christentum das Abendland geprägt hat.

_____

_____

_____

2. Warum konnten sich im Mittelalter gebildete Geistliche aus ganz Europa miteinander unterhalten?

_____

M2 Christliche Kirchen. Collage, 1999.

3. Die Collage zeigt Kirchen in: ◯ Deutschland ◯ Norwegen   Schreibe in die
gelben Kreise die
◯ Frankreich ◯ Russland   richtigen Zahlen.

◯ Italien ◯ England

Stationen der Einigung

Die Bedrohung Westeuropas durch die Sowjetunion wie auch der Wunsch, sich gegenüber den Vereinigten Staaten zu behaupten, brachten den „europäischen Einigungszug" voran.

M1 Stationen der europäischen Einigung. Schaubild, 2007.

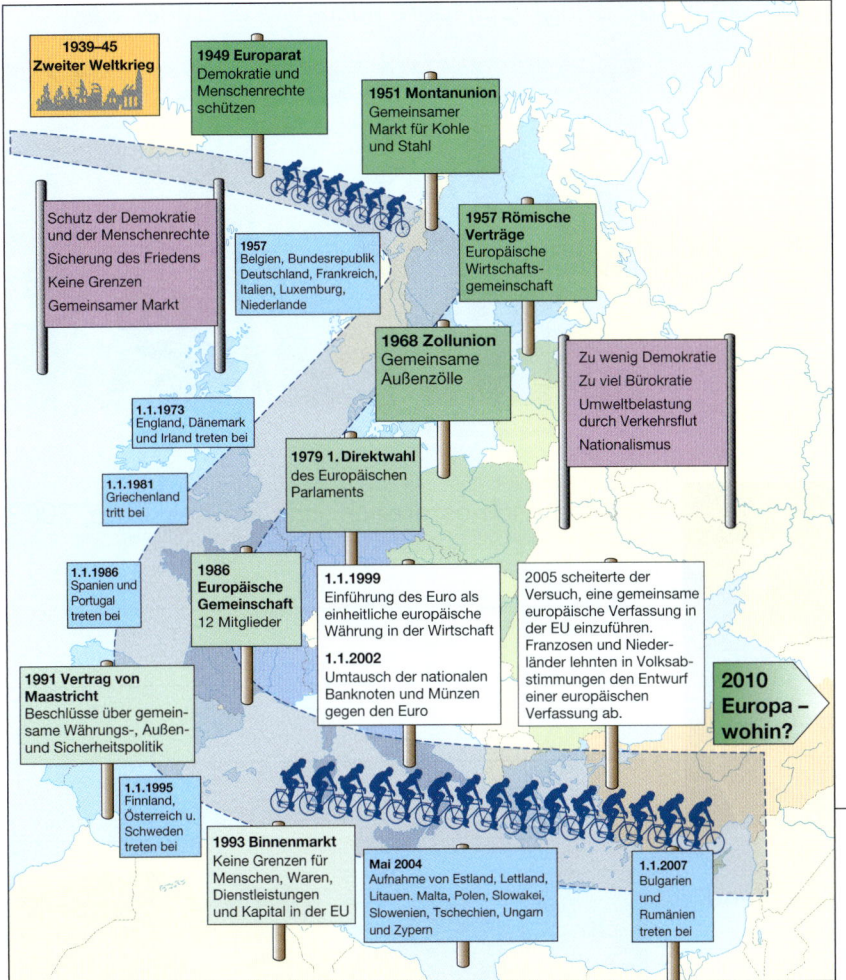

1. *Nenne Gründe für die Einigung Europas.*

_____

_____

_____

_____

_____

_____

_____

M2 Europakarte von 2009.

2. *Veranschauliche das Wachsen der Europäischen Union (EU) auf der Karte M2. Verwende für die Gründungsmitglieder 1957 und für die Beitrittsländer 1973, 1981, 1986, 1995, 2004 und 2007 unterschiedliche Farben.*

3. *Erkläre, was die Radfahrer auf dem Schaubild M1 darstellen.*

_____

_____

_____

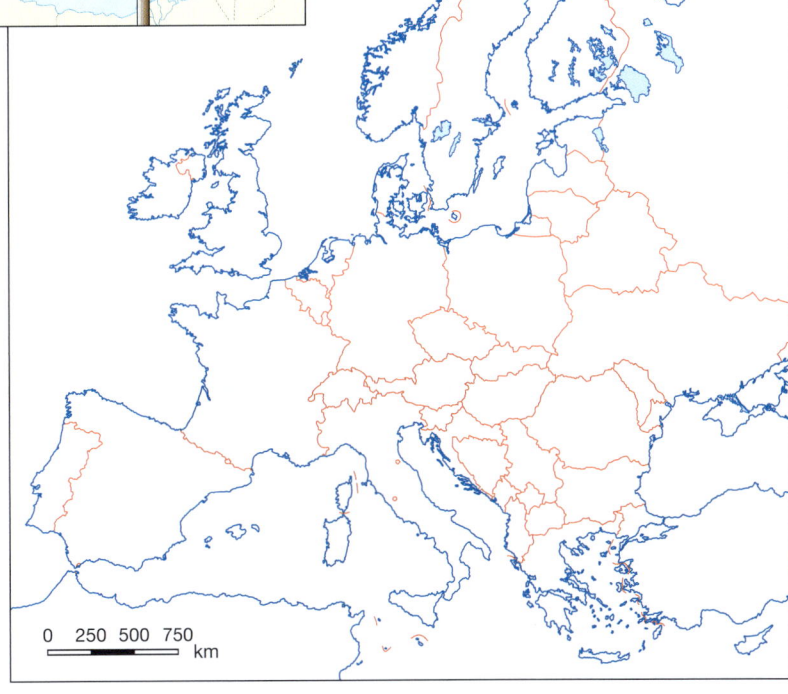

Du und die EU

Seit dem 1. Januar 1993 gibt es den Europäischen Binnenmarkt. Jeder Bürger kann seitdem seinen Wohnsitz und seinen Arbeits- oder Studienplatz innerhalb der Europäischen Union frei wählen. Daneben bietet die EU noch andere handfeste Vorteile.

1. *Notiere zu den Bildern, welche Vorteile die EU dir bringt. Schildere auch, wie es früher war.*

M1 Euro-Banknoten. Foto, 2002.

_____

_____

_____

_____

M2 Deutsch-österreichische Grenze. Foto, 2002.

_____

_____

_____

_____

M3 Rumänische Saisonarbeiter in Deutschland. Foto, 2008.

_____

_____

_____

_____

M4 Waren aus ganz Europa. Foto, 1998.

_____

_____

_____

_____

Wo Licht ist, fällt auch Schatten. Was dem einen zum Vorteil gereicht, schadet dem anderen.

M5 Aufgebrachte französische Bauern. Foto, 1996.

2. Versuche herauszufinden, warum französische Bauern Lastwagen aus Spanien anhielten und plünderten.

_____

_____

_____

_____

_____

_____

3. *Schildere die Nachteile, die sich aus der freien Arbeitsplatzwahl (s. M3) in der EU ergeben.*

_____

_____

4. *Über die Strukturpolitik der Europäischen Union informiert der Lückentext. Setze die folgenden Wörter richtig ein: Ausgleich, Bauern, EU-Ländern, Europäischen Union, Frankreich, Haushaltsmittel, Landwirte, Produkte, Strukturpolitik, Unterschiede.*

Die französischen _____ auf dem Foto M5 sind wütend. Sie bleiben auf ihrem Obst

und Gemüse sitzen, weil Bauern aus anderen _____ sie unterbieten. Dass sie

deren _____ auf die Straße kippen, ist keine Lösung. Wenn man von der

_____ spricht, vergisst man oft, dass es in Europa nicht nur kul-

turelle, sondern auch wirtschaftliche _____ gibt. Solche Krawalle wie in

_____ können auf Dauer nur unterbunden werden, wenn es zu einem

_____ zwischen reichen und armen Ländern kommt. Und das will die Union mit

ihrer _____ schaffen, indem sie wirtschaftlich schwächere Gebiete

fördert. Ein Drittel ihrer _____ wendet sie dafür auf. Auch in Deutsch-

land werden zahlreiche Regionen und Projekte von der EU unterstützt.

So funktioniert die EU

Die Europäische Union wächst wirtschaftlich und politisch zusammen. Dennoch besitzen die einzelnen Staaten nach wie vor ein großes Maß an Unabhängigkeit. Daher ist die Gesetzgebung auf europäischer Ebene recht kompliziert. Die wichtigsten Organe der EU sind die Kommission, der Ministerrat, das Europäische Parlament und der Europäische Rat.

1. *Das Wort Organ hat mehrere Bedeutungen. Finde sie heraus.*

_____

_____

Europäischer Rat

_____

_____

_____

Kommission

_____

_____

_____

Ministerrat

_____

_____

_____

Europäisches Parlament

_____

_____

_____

2. *Welche Aufgaben die einzelnen Organe haben, verraten die Texte. Schreibe diese in das richtige Feld.*

➡ Seine 785 Abgeordneten werden seit 1979 direkt gewählt. Sie haben vor allem kontrollierende und beratende Funktionen. Es wählt die Kommission und kann diese durch ein Misstrauensvotum zum Rücktritt zwingen.

➡ Letztlich bestimmt er, ob Gesetzesentwürfe angenommen werden. Welche Minister der EU-Länder zusammenkommen (z. B. Außen-, Innen- oder andere Minister), hängt von den Themen ab, die auf der Tagesordnung stehen.

➡ Nur sie hat das Recht, Gesetze vorzuschlagen. Sie verwaltet den EU-Haushalt. Außerdem achtet sie darauf, dass Verträge eingehalten und Beschlüsse in den Mitgliedstaaten umgesetzt werden.

➡ Er besteht aus den Regierungschefs der Mitgliedsländer und bestimmt die Leitlinien der Politik.

3. *Die Staats- und Regierungschefs der EU kommen mindestens zweimal jährlich zusammen (EU-Gipfel). Stelle mithilfe des Buchstabenhauses fest, wo die übrigen Organe der EU ihren Sitz haben. (Die Städtenamen stehen von links nach rechts.)*

U	L	I	N	D	A	I	N	B	E	R	L	I	N	B	O	N	N	O	D
E	R	B	A	D	G	O	D	E	S	B	E	R	G	H	E	R	N	E	A
S	T	R	A	ß	B	U	R	G	B	R	Ü	S	S	E	L	O	D	E	R
L	U	X	E	M	B	U	R	G	D	E	R	S	O	N	D	V	O	N	S

Sitz der Kommission:

Sitz des Europäischen Gerichtshofs:

L						
L						

Das Europäische Parlament tagt in

Die Türkei will in die EU

Die Türkei gehört der NATO an und ist seit 1963 assoziiertes Mitglied der Europäischen Union. 1989 wurde ihr Antrag auf volle Mitgliedschaft abgelehnt. Seit Oktober 2005 wird erneut über ihren Beitritt verhandelt.

1. *Finde heraus, was ein assoziiertes Mitglied der Europäischen Union ist.*

_____

_____

_____

_____

2. *Deute die Karikatur M1.*

_____

_____

_____

3. *Wie stehst du zum Beitrittswunsch der Türkei? Begründe deine Ansicht.*

_____

_____

_____

4. *Wertet Frage 3 in der Klasse aus. Stellt in Prozent dar, wie ihr abgestimmt habt.*

5. *Betrachte M2. Welche Entwicklung kannst du beobachten? Finde Erklärungen dafür.*

_____

_____

_____

_____

M1 Karikatur von Frank Czerny, 2006.

M2 Zustimmung zur Aufnahme der Türkei in die EU. Umfrageergebnisse 2002–2008.

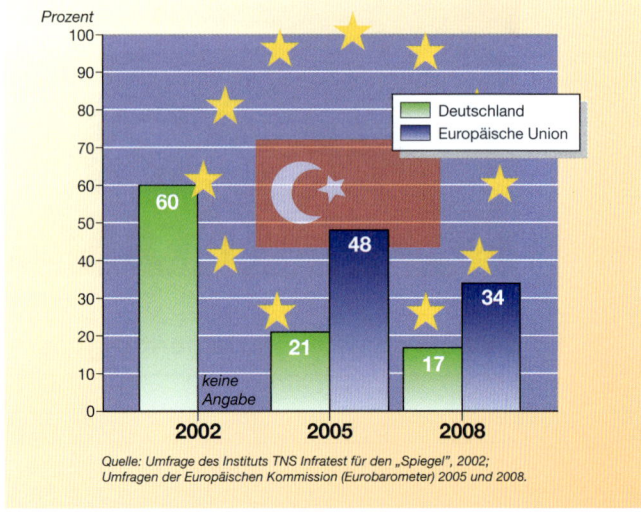

Quelle: Umfrage des Instituts TNS Infratest für den „Spiegel", 2002; Umfragen der Europäischen Kommission (Eurobarometer) 2005 und 2008.

Osman oder Ali Baba

Was weißt du über die Türkei, wenn sie eines Tages Mitglied der Europäischen Union werden sollte? Überprüfe dein Wissen.

M1 Moschee „Hagia Sophia" (heute Museum) in Istanbul, Türkei

1. Von den vier Antworten zu den jeweiligen Fragen ist eine richtig. Unterstreiche sie. Die Buchstaben von den richtigen Lösungen ergeben ein muslimisches Symbol.

a)	Eine Moschee ist	e)	Südlich der Türkei liegt
	(C) Allahs heiliger Ort		**(S)** Kreta
	(H) ein Haus für das gemeinsame Gebet		**(A)** Rhodos
	(E) eine Stätte, die Mohammed geweiht ist		**(B)** Antalya
	(R) eine muslimische Schule		**(M)** Zypern
b)	Mohammed, geb. um 570 n. Chr., ist	f)	Der Gründer der modernen Türkei heißt
	(A) der Begründer des Islams		**(E)** Agamemnon
	(B) Allahs Sohn		**(O)** Atatürk
	(U) ein berühmter Boxer		**(T)** Ali Baba
	(L) ein christlicher Prophet		**(L)** Osman
c)	Die Hauptstadt der Türkei ist	g)	Keine Grenze hat die Türkei mit
	(N) Istanbul		**(I)** Iran
	(L) Ankara		**(F)** Irak
	(D) Izmir		**(N)** Israel
	(O) Adana		**(E)** Georgien
d)	Häufige Naturkatastrophen in der Türkei sind	h)	Rund 95 % der türkischen Bevölkerung bekennen sich zum
	(F) Busunfälle		**(G)** Christentum
	(R) Überschwemmungen		**(D)** Islam
	(B) Erdbeben		**(A)** Buddhismus
	(I) Sonnenfinsternis		**(O)** Hinduismus

Lösungswort:

a	b	c	d	e	f	g	h

Wissenswertes über Europa

M1 Deutscher oder Europäer? Was heißt Unionsbürgerschaft?

Du willst in Spanien studieren oder in Frankreich ein Praktikum machen? Dein Vater will einen Job in England annehmen und die Familie mitnehmen? Nur zu! Jeder Unionsbürger darf in der EU arbeiten und wohnen, wo immer er will.

Wir sind nicht nur deutsche, italienische, österreichische oder französische Staatsbürger, jeder Angehörige eines EU-Landes ist auch Bürger der Union. Der einheitliche rote Pass und der
5 EU-Führerschein sind äußere Zeichen dafür. Jeder Unionsbürger kann sich in jedem Mitgliedstaat frei bewegen und niederlassen, weil er dank EU auch dort zu Hause ist. Kein Unionsland darf die Bürger eines anderen schlechter behandeln als seine eigenen.
10 Niemandem darf daraus, dass er Ausländer ist, ein Nachteil entstehen. Auch die Behörden sind für alle da: Verlierst du in einem Nicht-EU-Land, in dem dein Heimatstaat keine Vertretung hat, den Ausweis oder brauchst anderweitig staatliche
15 Hilfe, kannst du zu jedem Konsulat eines anderen Unionsstaates gehen. EU-Bürger können sogar Einfluss auf die Politik der Partnerstaaten nehmen. Wer volljährig ist und im EU-Ausland wohnt, darf dort die Kommunal-parlamente, also
20 den Stadt- oder Gemeinderat, mitwählen und selbst für ein solches Amt kandidieren. Wenn du später einmal als Deutscher in London lebst, kannst du in der britischen Hauptstadt Abgeordneter werden und über das Geschehen dort mitbe-
25 stimmen. Ein Pariser kann in München und ein Münchner in Paris Bürgermeister werden. Für das Europaparlament (s. S. 56 f.) kann jeder EU-Bürger in dem Land, in dem er gerade lebt, seine Stimme abgeben und für dieses Land kandidieren.

M2 Fenster, Tore, Brücken: Was erzählt uns der Euro?

Was verbindet die Welt? Wir blicken durch Fenster, schreiten durch Tore und gehen über Brücken aufeinander zu. Deshalb haben die EU-Länder Symbole solcher Bauwerke aus ihrer Geschichte als Motive für die Euro-Scheine gewählt.

Die Euro-Banknoten sind in allen Ländern, die mit ihm bezahlen, gleich. Wer die sieben Scheine betrachtet, macht gleichzeitig eine Reise durch die Geschichte der europäischen Architektur. Den
5 kleinsten, den grauen Fünfer, zieren vorne ein Tor und auf der Rückseite eine Brücke aus der griechischen und römischen Antike. Auf dem roten Zehner prangen diese Symbole ebenfalls, allerdings aus der Zeit der Romanik, die an der ersten
10 Jahrtausendwende begann. Der blaue Zwanzigeuroschein lädt uns ein, durch gotische Fenster mit den typischen Spitzbögen der Zeit des 12. bis 16. Jahrhunderts zu schauen und uns das Strebewerk ihrer Brücken anzusehen. Mit dem Stil der
15 Renaissance, in der das Mittelalter um 1500 zu Ende ging, macht uns der orangefarbene Fünfziger vertraut. Durch ein Tor des Barock mit seinen kühnen und üppigen Schwüngen (16. und 17. Jahrhundert) schreiten wir beim Blick auf den
20 grünen Einhunderteuroschein. Der braun-gelbe Zweihunderter erinnert mit dem Portal aus Eisen und Glas auf der Vorder- und der elegant geschwungenen Brücke auf der Rückseite an die Architektur des 19. Jahrhunderts. Deren be-
25 kanntestes Bauwerk ist die waghalsige Eisenkonstruktion des Pariser Eiffelturms. Der größte Schein ist die 500-Euro-Note. Sie zeigt vorne eine lila Fassade in moderner, eher kühler Architektur, das Motiv auf der Rückseite erinnert an die gewal-
30 tige Öresund-Brücke, die das Meer zwischen Schweden und Dänemark überspannt. Auf den Münzen sind die Vorderseiten gleich. Hinten stellen die einzelnen Eurostaaten mit eigenen Symbolen sich, ihre Geschichte und ein Stück weit
35 ihre Identität vor. Mit der österreichischen Friedenskämpferin Bertha von Suttner auf dem Zwei-Euro-Stück, der französischen Freiheitsfigur Marianne auf den Ein-, Zwei- und

Fünf-Cent-Münzen und der Liebesgöttin Venus (so,
40 wie sie sich der Maler Botticelli vorgestellt hat)
auf den italienischen 20 Cent kommen auch
Frauen vor. Griechenland zeigt auf der Zwei-Euro-
Münze ein Bild der Sage von Europa und dem Stier.
Irland begnügt sich auf allen Münzen mit seinem
45 Wahrzeichen, der Harfe, Belgien lässt auf jede
Münze ein Konterfei von König Albert II. prägen.
Die Niederlande haben ihre Königin Beatrix
verewigt, Luxemburg seinen Großherzog Henri.
Portugal erinnert mit der Zahl 1143 an das Jahr
50 seiner Unabhängigkeit, und Spanien führt neben
König Juan Carlos die berühmte Kathedrale von
Santiago de Compostela vor. Finnland präsentiert
einen Löwen, Schwäne, eine Moltebeere und eine
Seenlandschaft, Deutschland Eichenlaub, Bundes-
55 adler und das Brandenburger Tor. Und Slowenien
schließlich zeigt unter anderem einen Storch und
zwei Lipizzaner.

Die Texte sind entnommen aus Christine Schulz-Reiss,
Nachgefragt: Europa. Basiswissen zum Mitreden, Bindlach
(Loewe) 2007, S. 53 und S. 62 f.

M3 Europapässe. Fotocollage.

M4 Euro-Banknoten. Foto.

1. *Du brauchst im Ausland Hilfe. Am Ort gibt es keine deutsche Botschaft, aber eine amerikanische, eine englische, eine österreichische und eine russische. Wen bittest du um Hilfe?
Begründe deine Antwort.*

_____

_____

_____

_____

M5 Moltebeere, ein Wahrzeichen Lapplands. Foto.

M6 „Leb' wohl, alter Freund!".
Karikatur von Pit Flick, 1996.

2. *Warum missfiel vielen Deutschen die Einführung
des Euro (s. M6)?*

_____

_____

_____

Europa in der Karikatur

„Kikeriki", kräht der Hahn, „schaut auf mich." Ähnlich verhalten sich Karikaturen. Auch sie wollen aufmerksam machen, häufig auf einen Missstand. Sie „arbeiten" hauptsächlich mit bildnerischen Mitteln, daher übertreiben sie und verwenden oft Symbole.

1. *Um eine Karikatur zu verstehen, solltest du schrittweise vorgehen.*

Erster Schritt: Beschreibe kurz das Bild M1.

_____

_____

_____

Du weißt immer noch nicht, was der Künstler dir sagen will. Daher:

Zweiter Schritt: Übersetze die Symbole des Bildes.

Wofür stehen der Stier mit der Frau auf dem Rücken sowie der „schwarze" Mann mit dem roten Stern an der Pelzmütze?

_____

_____

Die Karikatur behauptet also: Die „böse" Sowjetunion oder der Bolschewismus bedrohen Europa. Du weißt, das kann nicht stimmen, denn die Sowjetunion ist längst zerfallen. Daher:

Dritter Schritt: Ordne die Karikatur historisch ein.

Oft helfen Überschrift und Erscheinungsjahr weiter.
Die Karikatur heißt „Europa und der Bolschewismus" und stammt aus dem Jahr 1931. Damals herrschte in Deutschland die große Wirtschaftskrise, und linke sowie rechte Parteien lieferten sich erbitterte Kämpfe.

Vierter Schritt: Fasse die Botschaft der Karikatur zusammen.

In unserem Fall: Der Bolschewismus will Europa vernichten! Oder: Europa sei wachsam. Wehret den Anfängen usw.

2. *Interpretiere nach den vier Schritten die Karikatur von Walter Hanel (M2).*

M1 Europa und der Bolschewismus. Karikatur von Oskar Garvens, 1931.

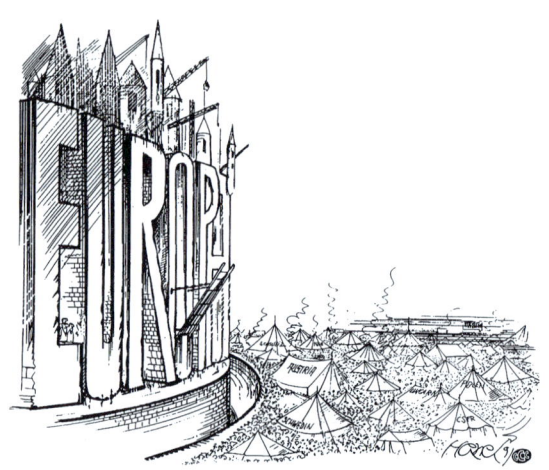

M2 Festung Europa. Karikatur von Walter Hanel, 1994.

1. Löse das Silbenrätsel. Die Zahl am Ende der Zeile nennt den Buchstaben für das Lösungswort, den du unten in das Kästchen einträgst.

Aus – bee – burg – Chris – en –
en – Eu – falt – land – Lett – li –
Mi – Mol – ni – nis – Phö – rat –
re – ro – Straß – te – ten – ter –
tra – tum – Viel – zi

a) Mitglied der Europäischen Union (2) _____

b) Europäische Währungseinheit, s. Bild (2) _____

c) Wurzel Europas (3) _____

d) Wahrzeichen Lapplands (2) _____

e) Heimatland der Königstochter Europa (1) _____

f) Merkmal Europas, s. Bild (6) _____

g) Organ der EU (6) _____

h) Kontinent (6) _____

i) Sitz des Europäischen Parlaments (9) _____

Lösungswort:

a	b	c	d	e	f	g	h	i

der Europäischen Union ist der 9. Mai.

Globalisierung

In den letzten fünfzehn Jahren haben neue Technologien wie Computer, Internet und Satellitenfernsehen sowie die starke Verringerung von Transport- und Kommunikationskosten zu einer weltweiten Vernetzung der Menschen, Staaten und Märkte geführt. Der Welthandel wuchs von 1950 bis 2005 um das 30fache. Man nennt diesen Prozess Globalisierung. Von der Globalisierung könnten auf Dauer alle Länder profitieren, wenn es gelänge, die Armut zu beseitigen, Konflikte friedlich zu lösen und die Menschenrechte durchzusetzen.

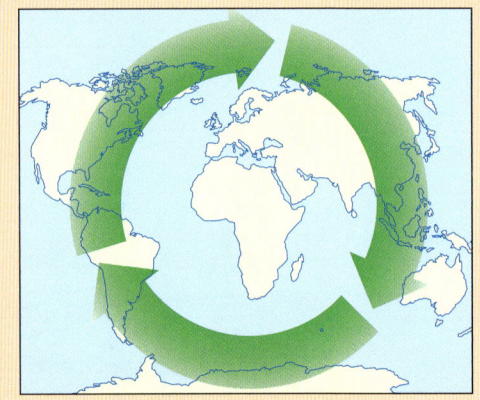

| 1945 | 1945–1990 | 1989–1991 | ab 1993 |

Neueste Zeit

| • Gründung der UNO | ⊢ Entkolonialisierung ⊣ | • Ende des Kalten Krieges | ▸ World Wide Web (www) |

Warum Krieg?

Kriege sind so alt wie die Menschheit. Nicht erst seit der Jungsteinzeit, als Ackerbau und Viehzucht aufkamen, gibt es bewaffnete Auseinandersetzungen. Einen dritten Weltkrieg kann sich die Menschheit allerdings nicht leisten. Die zerstörerische Kraft moderner Waffen ist so gewaltig, dass nach ihrem Einsatz die Erde kaum noch bewohnbar wäre.

1. *Die drei folgenden Sätze nennen Kriegsgründe während der Jungsteinzeit. Erläutere einen:*

a) *Bauern horten Getreide für Ernährung und Aussaat.*
b) *Gelegentlich stießen sie mit Jägerhorden zusammen.*
c) *Manchmal gab es auch Streit zwischen den Dörfern.*

M1 Felsmalerei aus Ostspanien, Jungsteinzeit

_____

_____

_____

2. *Welche Kriege werden in diesem Heft erwähnt?* _____

_____

3. *Was sind Bürgerkriege?* _____

_____

4. *Heute gibt es eine neue Form des Kriegs (s. M2). Suche einen Namen dafür und erläutere, was diesen von dem herkömmlichen Krieg unterscheidet.*

M2 Anschlag auf das World Trade Center, New York, 2001.

_____

_____

_____

_____

ab 1994	1999	2001	2005
▸ Auslandseinsätze der Bundeswehr	• Sechs Milliarden Menschen leben auf der Erde.	• Anschlag auf das World Trade Center in New York	• Das Kyoto-Protokoll zum Klimaschutz tritt in Kraft.

Eine Sache für die UNO

Kriege ließen sich vermeiden, wenn eine mächtige Organisation Streitfälle regelte. Eine solche Organisation könnte die UNO (= United Nations Organization, dt. Vereinte Nationen) werden. Bereits heute schickt sie Soldaten in Krisengebiete („Blauhelmeinsätze"). Aber noch muss sie dafür auf die militärische Hilfe einzelner Staaten zurückgreifen.

M1 Organe und Gliederung der UNO. Schaubild.

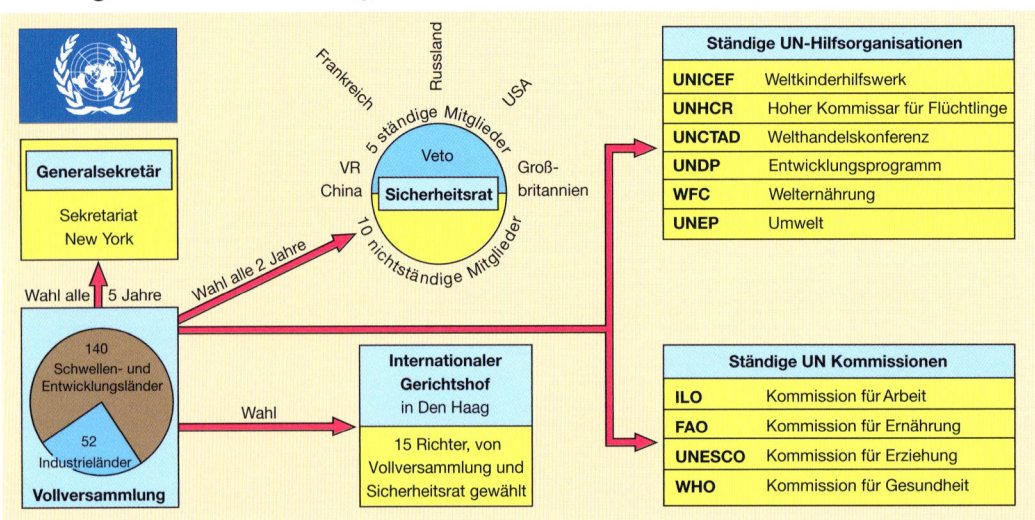

1. Vervollständige die „Buchstabenbänder". Die UNO setzt sich ein für

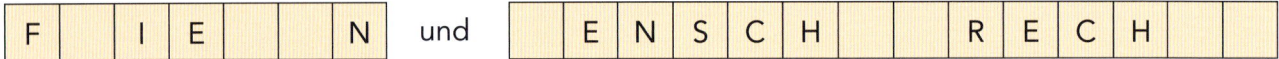

| F | | I | E | | N | und | | E | N | S | C | H | | R | E | C | H | |

2. Verbinde die Begriffe mit den dazugehörenden Texten.

Vollversammlung

Sicherheitsrat

Generalsekretär

Internationaler Gerichtshof

Er besteht aus 15 Mitgliedsstaaten, deren Vertreter immer am Sitz der UNO anwesend sind. So kann er schnell einberufen werden, wenn irgendwo in der Welt der Frieden bedroht ist. Er kann Verhandlungen zwischen den streitenden Parteien veranlassen, wirtschaftliche Beziehungen zu ihnen abbrechen oder Truppen ins Krisengebiet schicken.

Er entscheidet bei Streitigkeiten zwischen Mitgliedstaaten.

Er steht an der Spitze der UNO-Verwaltung und ist der höchste „Weltbeamte". Er wird jeweils auf 5 Jahre gewählt.

Ihr gehören alle 192 Mitgliedstaaten an. Sie tagt jährlich einmal, kann aber auch zu Sondersitzungen zusammentreten. Jedes Land hat eine Stimme, gleichgültig, wie groß oder bedeutend es ist. Wichtige Beschlüsse müssen mit Zweidrittel-mehrheit gefasst werden.

3. Finde heraus, wo sich die UNO-Truppen (M2) aufhalten und was sie dort machen.

_____

_____

_____

_____

_____

M2 UNO-Truppen. Foto, 1992.

Für UNO-Experten

4. Nenne wichtige Organe der UNO: _____

_____

5. Wie heißt der gegenwärtige Generalsekretär? _____

6. Wer sind die fünf ständigen Mitglieder des Sicherheitsrats? _____

_____

7. Was ist ein Vetorecht? _____

_____

8. Wie werden die Soldaten der UNO-Truppen auch genannt? _____

M3 Bronzeskulptur vor dem Sitz der UNO.

9. 1988 schenkte die Luxemburger Regierung den Vereinten Nationen die Skulptur des schwedischen Künstlers Carl Fredrik Reuterswärd. Das Kunstwerk heißt „Non-Violence". Deute es.

_____

_____

_____

10. In welcher Stadt steht das Kunstwerk?

_____

Bundeswehr im Auslandseinsatz

In vielen Teilen der Welt werden Kriege geführt. Was tun? Einfach zusehen, auch wenn Menschenrechte verletzt werden, oder eingreifen? Die Bundeswehr ist eine „Verteidigungsarmee". Daher muss immer wieder geklärt werden, ob sie im Ausland eingesetzt werden darf.

1. *Was ist unter einem „System gegenseitiger kollektiver Sicherheit" zu verstehen (s. M1)?*

_____

_____

M1 Aus dem Grundgesetz, Art. 24 (2): Der Bund kann sich zur Wahrung des Friedens einem System gegenseitiger kollektiver Sicherheit einordnen.

2. *Das Urteil des Bundesverfassungsgerichts nennt zwei Bedingungen für den Einsatz der Bundeswehr im Ausland. Welche?*

_____

_____

M2 Urteil des Bundesverfassungsgerichts: Am 12. 7. 1994 hat das Bundesverfassungsgericht entschieden, dass sich die Bundesrepublik Deutschland mit Streitkräften an Einsätzen im Rahmen der NATO und der Westeuropäischen Union beteiligen darf, wenn sie zur Umsetzung von Beschlüssen des Sicherheitsrates der Vereinten Nationen (UNO) dienen. Das gilt auch für die Beteiligung an Friedenstruppen der UNO. Jede Bundesregierung ist aber verpflichtet, vor einem Einsatz bewaffneter Streitkräfte die Zustimmung des Bundestages einzuholen – und zwar unbedingt vor Beginn des Einsatzes.

M3 Bundeswehrsoldaten im Auslandseinsatz. Foto, 2002.

3. *Wo sind die Bundeswehrsoldaten auf M3 eingesetzt. Was weißt du über deren Aufgabe?*

_____

_____

4. *Wie stehst du zum Auslandseinsatz der Bundeswehr (M4)?*

_____

_____

M4 Ansichten.

„Nach dem Zweiten Weltkrieg sollte kein deutscher Soldat mehr im Ausland kämpfen."

„Die Bundeswehr muss die Menschenrechte notfalls auch im Ausland verteidigen!"

Entwicklungsländer

Nach 1945 wurden viele Kolonien selbstständig. Die meisten von ihnen gehören heute zu den „Entwicklungsländern". Dort leben ca. drei Viertel der Weltbevölkerung. Diese Länder sind sehr arm, haben oft ein geringes Bildungsniveau und ein schlechtes Gesundheitswesen. Zur Zeit des Kalten Krieges wurden sie auch als „Blockfreie Staaten" oder als „Dritte Welt" bezeichnet.

1. *Suche je drei Beispiele für a) Industrieländer und b) Entwicklungsländer.*

_____

_____

2. *In welcher Himmelsrichtung liegen viele Entwicklungs-länder von Europa aus gesehen?*

_____

3. *Was weißt du über Entwicklungsländer (s. auch M1)?*

_____

_____

_____

M1 Plakat von Klaus Staeck, 1991.

M2 Entwicklung des Handels zwischen Industrie-staaten und Entwicklungsländern. Grafik.

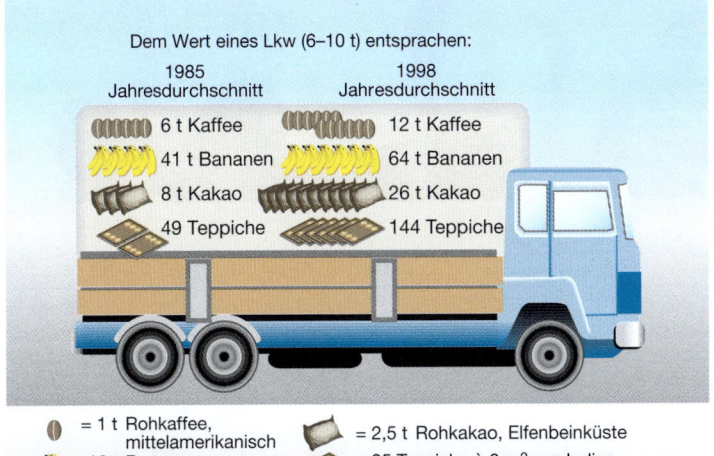

Dem Wert eines Lkw (6–10 t) entsprachen:

1985 Jahresdurchschnitt	1998 Jahresdurchschnitt
6 t Kaffee	12 t Kaffee
41 t Bananen	64 t Bananen
8 t Kakao	26 t Kakao
49 Teppiche	144 Teppiche

= 1 t Rohkaffee, mittelamerikanisch

= 10 t Bananen, mittelamerikanisch

= 2,5 t Rohkakao, Elfenbeinküste

= 25 Teppiche à 6 m² aus Indien, 350 bis 500 Knoten

4. *Erläutere den Warenaustausch zwischen Industriestaaten und Entwicklungslän-dern (s. M2).*

_____

_____

_____

_____

5. *Erläutere den Satz: Die Entwicklungs-länder sitzen in der „Rohstoff-Falle".*

_____

6. *Siehst du eine Möglichkeit, die Rohstoff-Falle zu sprengen?* _____

_____

Bevölkerungswachstum

Eine globale Aufgabe wird es sein, die „Geburtenexplosion" unter Kontrolle zu bekommen.

M1 Wachstum der Bevölkerung.

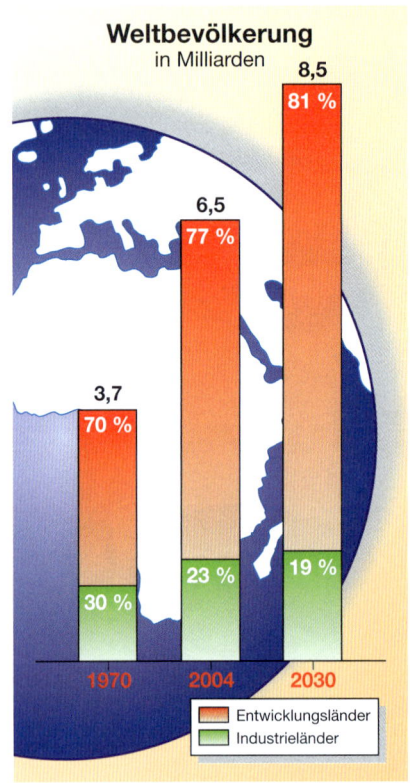

Weltbevölkerung
in Milliarden

8,5
81 %

6,5
77 %

3,7
70 %

23 %

19 %

30 %

1970   2004   2030

Entwicklungsländer
Industrieländer

1. *Vergleiche das Wachstum der Bevölkerung von 1970 bis 2030.*

2. *Welche Gefahren siehst du in dem raschen Wachstum der Bevölkerung?*

M2 Familienberatung in einem ostafrikanischen Dorf. Foto, 1996.

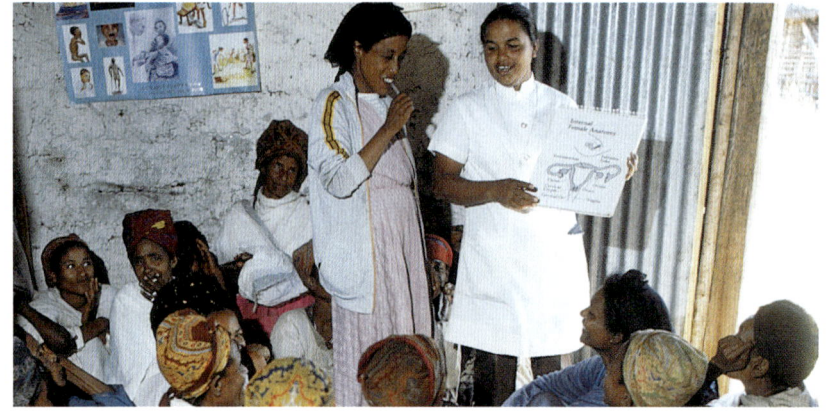

3. *Erläutere, auf welche Widerstände und Hindernisse eine sinnvolle Familienplanung trotz Beratung (s. M2) stößt?*

4. *Je höher der Lebensstandard, desto geringer die Kinderquote in einem Land. Versuche, diesen Zusammenhang zu erklären.*

Entwicklungshilfe

Viele Industriestaaten leisten Entwicklungshilfe. Sie unterstützen die Entwicklungsländer finanziell oder leisten mit Krankenschwestern, Ingenieuren und Lehrern „Hilfe zur Selbsthilfe".

1. Die indische Premierministerin, Indira Gandhi, meinte einmal: „Für die entwickelten Länder geht es nicht darum, den Entwicklungsländern zu helfen, sondern, ob sie es sich leisten können, ihnen nicht zu helfen." Erkläre diesen Satz.

_____

_____

2. Folgende Kennzeichen sind typisch für Entwicklungsländer. Vervollständige die Begriffe.

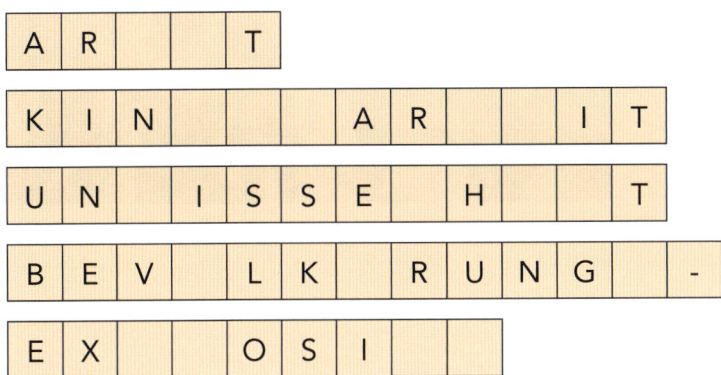

M1 Berufstätiges Mädchen an der Nähmaschine, Indien. Foto, 2006.

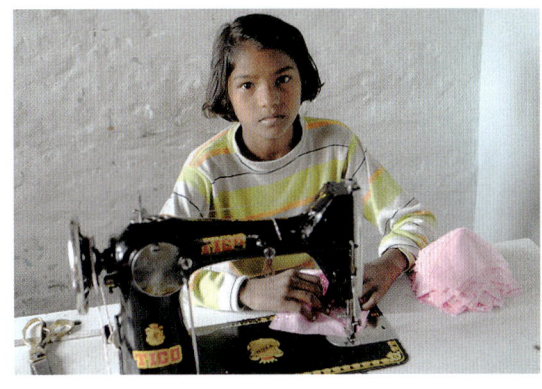

3. Erläutere, wie diese Erscheinungen (Aufgabe 2) zusammenhängen und einen „Teufelskreis der Armut" bilden.

_____

_____

_____

M2 Fairtrade-Siegel.

4. 1992 beschlossen einige Hilfsorganisationen, den benachteiligten Produzentenfamilien in Entwicklungsländern zu helfen, indem fair gehandelte Waren gekennzeichnet werden. „Fair Trade" bedeutet „fairer Handel". Was versprechen sie sich von dieser Maßnahme?

_____

_____

_____

„Beim Einkauf ein Stück weit die Welt fair-ändern."

Energie und Umwelt

Unser Umgang mit Rohstoffen, Energieträgern und Schadstoffen hat globale Auswirkungen.

1. *Wozu brauchen wir Energie?* _____

_____

M1 Tschernobyl. Foto, 1986.

M2 Ölarbeiter in Mexiko. Foto, 1983.

M3 Windpark in Deutschland. Foto, 1994.

M4 Kohlekraftwerk in Deutschland. Foto, 1996.

2. *Woraus wird auf den Fotos M1 bis M4 Energie gewonnen?* _____

_____

3. *Schreibe auf, inwiefern diese vier Energieträger auf die Umwelt einwirken (können)?*

_____

_____

_____

_____

Treibhauseffekt

Immer häufiger kommt es durch Wirbelstürme, Hochwasser und lange Dürrezeiten zu Katastrophen. Das Schmelzen der Gletscher am Nordpol gefährdet den Lebensraum des Eisbären. All das sind Folgen eines Klimawandels, den zum größten Teil der Mensch verursacht hat.

1. *Wie es zum Treibhauseffekt kommt, darüber informiert der Lückentext. Setze die folgenden Wörter richtig ein: Atmosphäre, Erde, Gase, Industrialisierung, Kohle, Scheibe, Sonne, Staaten, Strahlen, Treibhauseffekt, Wärme, Weltall.*

M1 Treibhauseffekt. Schaubild.

Ohne _____ gäbe es kein Leben auf der

Erde. Ihre _____ durchdringen die

Lufthülle (_____) und erwär-

men die Erdoberfläche. Von dort wird die Wärme re-

flektiert (= zurückgeworfen). Die Atmosphäre

verhindert wie die _____ eines

Treibhauses, dass die _____ vollständig in das _____ ent-

weicht. Seit der _____ gelangen immer mehr _____ in die

Atmosphäre. Besonders die Konzentration von CO_2, das durch die Verbrennung fossiler

Energieträger wie _____ und Öl entsteht, nimmt deutlich zu und macht die

Atmosphäre undurchlässiger. Als Folge davon wird es auf der _____ wärmer. Dieser

_____ kann nur gestoppt werden, wenn alle _____ ihren CO_2-

Ausstoß verringern.

2. *Du kannst den Treibhauseffekt in einem Experiment vorführen. Wie das geht, zeigt M2.*

M2 Experiment. Skizze.

Du brauchst: _____

_____

So gehst du vor: _____

_____

_____

Nahostkonflikt

Wegen der Globalisierung tangieren entlegene Konflikte und Katastrophen auch uns. So könnte der Nahostkonflikt, der nun schon über 50 Jahre andauert, rasch weltweite Ausmaße annehmen.

M1 Klagemauer. Foto, 2000.

M2 Ein jüdischer Staat: Der Zionist Theodor Herzl hielt die Anpassungsbemühungen der Juden für sinnlos. Er forderte daher 1896 die Errichtung eines jüdischen Staates.

(Verfassertext)

M3 Auf der Rampe von Auschwitz. Foto, 1942.

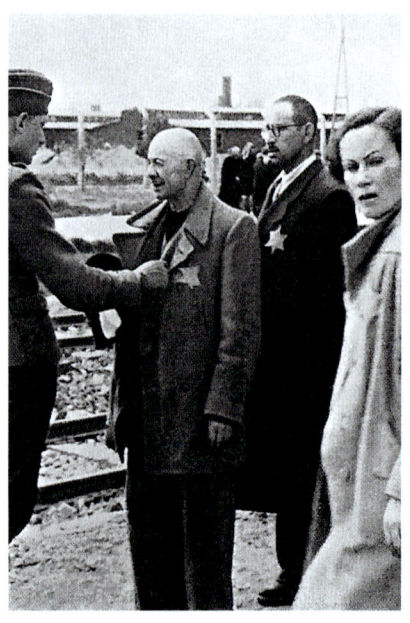

1. *Nachdem die Römer den Aufstand des Simon Bar Kochbar niedergeschlagen hatten (135 n. Chr.), verboten sie den Juden den Zutritt zu Jerusalem. Viele Juden verließen damals Palästina. Sie lebten „zerstreut" (griechisch: Diaspora) in allen Teilen des Römischen Reiches. Den Wunsch, in die Heimat zurückzukehren, gaben sie nie auf. So verabschiedeten sie sich gern mit dem Gruß „Nächstes Jahr in Jerusalem".*
Schreibe in die Sprechblasen, warum zahlreiche Juden im 20. Jahrhundert nach Palästina auswanderten, in ein von Arabern bewohntes, dünn besiedeltes Gebiet. Der Text und die beiden Fotos helfen dir.

Nach dem Zweiten Weltkrieg lebten bereits 800 000 Juden in Palästina. Als am 14. Mai 1948 der Staat Israel ausgerufen wurde, antworteten die arabischen Staaten mit Krieg.

2. *Finde heraus, was 1948 mit den Palästinensern geschah (s. Karte M4)?*

_____

_____

_____

3. *Finde heraus, was sich 1967 und 1973 im Nahen Osten ereignet hat (s. Karte M4).*

_____

_____

4. *Welche Aufgabe haben die UN-Truppen auf den Golan-Höhen?*

_____

_____

M4 Palästinaflüchtlinge seit 1948.

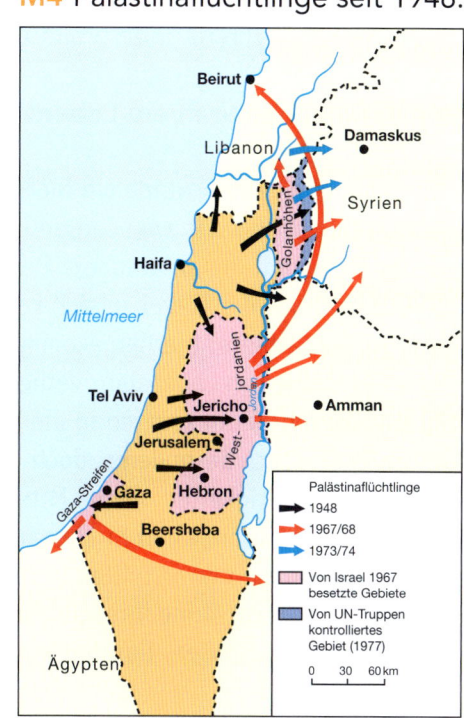

5. *Die Karikatur M5 heißt „Der erste Schritt". Finde heraus, worauf sich der erste Schritt bezog (s. M6 mit Rabin, Clinton und Arafat, von links).*

_____

_____

M5 Der erste Schritt. Karikatur von Murschetz, 1993.

M6 Rabin und Arafat. Foto, 1993.

6. *Viel weiter sind die Friedensverhandlungen zwischen Israel und Palästina seit 1993 nicht vorangekommen. Zu viele „Stolpersteine" liegen auf dem Weg (s. M5). Welche kennst du?*

_____

Durchweinte Nächte

Wenn sich die Menschen verschiedener Kulturen näherkommen, ist das sicherlich eine gute Sache. „Multikulti" kann jedoch für den Einzelnen sehr schmerzvoll sein, wie die Schilderung einer jungen Türkin, die wir Aylin nennen wollen, beweist.

M1 Aylin erzählt aus ihrem Leben:

Vor achtzehn Jahren wurde ich hier geboren. Mein Vater lebte schon seit zwei Jahren in Deutschland, als er meine mit mir schwangere Mutter und meine drei Brüder aus der Türkei zu sich kommen ließ. Er
5 war als Gastarbeiter hierhergekommen. Bis zu meinem siebenten Lebensjahr verlief meine Kindheit glücklich. Dann kam ich in die Schule. Dies ist eigentlich nichts Besonderes, doch ich hatte Anfangsschwierigkeiten. Meine Mitschüler, mit de-
10 nen ich noch im örtlichen Kindergarten glänzend zurechtgekommen war, stellten sich plötzlich gegen mich. Ich war keine ihresgleichen. Bei allem wurde ich ausgestoßen. Darüber war ich sehr unglücklich. Doch ich hatte Glück. Mit zwei Kindern
15 schloss ich eine tiefe und innige Freundschaft. Es waren Nachbarskinder, ein Junge und ein Mädchen. Sie verteidigten mich, wenn die anderen Kinder mal wieder auf mich losgingen. Die Zerreißprobe begann mit meiner Pubertät. Mein
20 Körper nahm weibliche Formen an. Ich fing an, mich stärker mit mir und meiner Umwelt auseinanderzusetzen. Während meine Freunde und Schulkameraden über ihre letzte Party und den neuesten Kinofilm berichteten, saß ich nur da und
25 lauschte ihnen voller Neugier. Dies alles kannte ich nicht. Es war, als erzählten sie von einer anderen Welt, die es für mich nicht gab. Zuerst machte mir das nichts aus. Ich war zufrieden mit dem, was ich hatte und durfte. Doch langsam wollte ich das
30 alles auch erleben. Ich wollte eine von ihnen sein, zu ihnen gehören. Meine Freundin hatte Geburtstag. Dies war eine gute Gelegenheit. Aber meine Eltern erlaubten es mir nicht, dorthin zu gehen. „Du bist keine von ihnen, du bist eine Türkin."
35 Damals war ich so enttäuscht, dass ich mir wünschte, andere Eltern zu haben. Doch jetzt verstehe ich sie. Sie wollten mich wie eine richtige Türkin erziehen, damit ich nachher weiß, wohin ich gehöre. Trotzdem half mir das nicht; denn ich
40 war doch die meiste Zeit mit Deutschen zusammen.

Nach der sechsten Klasse wechselte ich in die Realschule über. Als Mädchen war ich schon immer stärker unter Verschluss als meine Brüder. Aber
45 seit meinem dreizehnten Lebensjahr verschlimmerte sich die Kontrolle. Das wurde mir bewusst, als ich mich von meiner Familie geistig abzukapseln begann. Die Familie ist bei uns in der Türkei eine Einheit; sie ist das Wichtigste in unserem
50 Leben. Aber ich wollte mit meinen Freunden zusammen sein, mit ihnen ausgehen, Partys besuchen, ins Kino gehen oder einfach ihre Gesellschaft genießen. Doch durfte ich nichts dergleichen.
55 Irgendwann fing ich an zu rebellieren. Ich widersetzte mich meinen Eltern. Fast jeden Tag wurde mir eine Moralpredigt gehalten: Ich dürfte nicht vergessen, dass ich eine Türkin bin. Ich müsse auf meine Jungfräulichkeit achten, mich von den
60 Jungs fernhalten und dürfte keine anderweitigen Freundschaften eingehen. Unsere Auseinandersetzungen wurden immer heftiger. Immer öfter kam in mir der Wunsch auf, ich wäre nie geboren. Jedes Mal fragte ich mich, warum ausgerechnet
65 mir solche Ungerechtigkeiten widerfuhren. Nachts weinte ich mich dann in den Schlaf. Abende wie diese gab es alle paar Wochen.
Es kam, wie es kommen musste. Ich verliebte mich. Als mir bewusst wurde, wie mir geschah,
70 verzweifelte ich schier. Aber diesmal wollte ich es nicht so weit kommen lassen. Ich verbarg mein Gefühl und wehrte mich gegen das Verliebtsein. Ich wusste, dass ich niemals die Erlaubnis erhielte, einen Freund zu haben. Ich würde meiner
75 Familie Schande bringen. Doch es gab auch andere Möglichkeiten, heimlich. Viele türkische Mädchen machen es so. Nein, das brächte ich nicht übers Herz. Mein Gewissen würde mich quälen. Ich verheimlichte meine Gefühle weiterhin. Meine Eltern
80 ahnten nicht einmal, dass ich verliebt war. Auch der betreffende Junge wusste nichts davon. Jetzt bin ich achtzehn. Manchmal denke ich, wie weit-

blickende Eltern ich doch habe. Sie wollen mich behüten, beschützen. Ich weiß: Das tun sie, weil
85 sie mich lieben, mir nur das Beste wünschen. Aber

ich möchte auch Erfahrungen sammeln, um später im Leben zurechtzukommen. Was soll ich tun?

Aus: Frankfurter Allgemeine Zeitung, Nr. 120 vom 27. Mai 1997, S. 7, gekürzt.

1. *Beschreibe, warum es Aylin nicht leicht hat.*

2. *Wie steht Aylin zu ihren Eltern?*

M2 Auf dem Schulhof. Foto, 1989.

3. *Was hältst du von Aylins Eltern?*

4. *Wie wird wohl Aylin einmal ihre Kinder erziehen?*

5. *Äußere dich zu dem Foto M2.*

Menschen wollen …

Jeder Mensch benötigt Nahrung, Kleidung und eine Unterkunft. Fehlt ihm etwas davon, dann hat er das Bedürfnis, diesen Mangel abzustellen. Es gibt viele Arten von Bedürfnissen. Der amerikanische Psychologe Maslow hat versucht, sie zu ordnen. Er unterscheidet fünf Gruppen.

M1 Bedürfnis-pyramide von Maslow. Grafik.

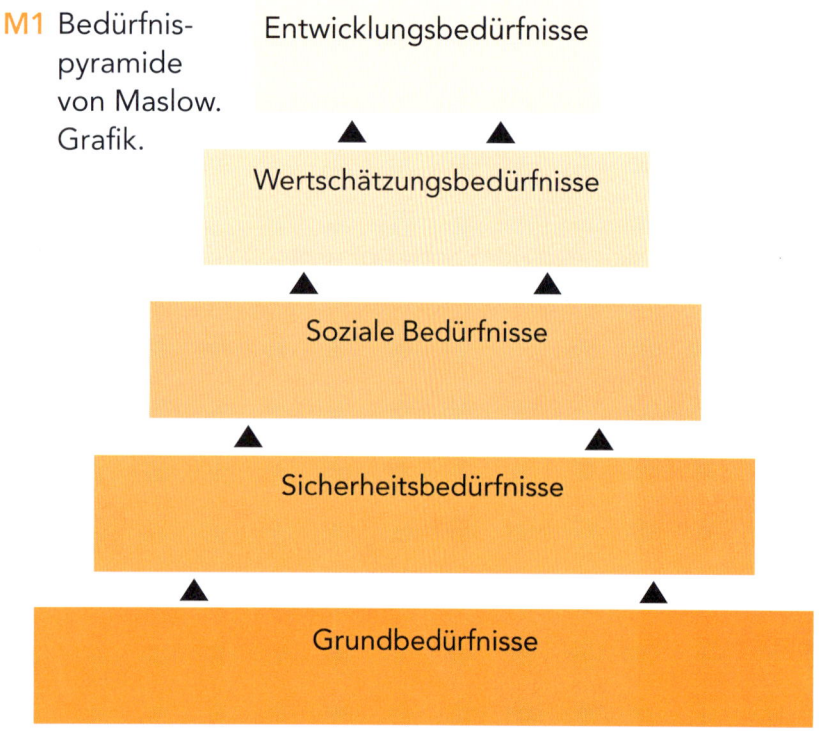

Entwicklungsbedürfnisse

Wertschätzungsbedürfnisse

Soziale Bedürfnisse

Sicherheitsbedürfnisse

Grundbedürfnisse

1. *Trage zwei der folgenden Wörter in jedes Bedürfnisfeld richtig ein:*

- arbeiten
- auffallen
- belohnt werden
- essen
- fernsehen
- lernen
- miteinander reden
- sich qualifizieren
- wohnen
- vorsorgen

2. *Schreibe für jedes Bedürfnis ein weiteres Beispiel in das entsprechende Feld.*

3. *Was bedeuten wohl die einzelnen Pfeile zwischen den Bedürfnisfeldern?*

_____

M2 Aus der Werbung.

4. *Welches Bedürfnis wollen die Mädchen (M2) mit ihrem Outfit befriedigen?*

_____

_____

_____

5. *Auch in M3 geht es um Bedürfnisse. Erläutere sie.*

_____

_____

_____

M3 Bettler auf der Straße.

Wenn Sie für Ihr Geld nur das Beste wollen,

sollten Sie auch an Ihre Bank die höchsten Ansprüche stellen.

■ Reden wir darüber.

Deutsche Bank

Die didaktischen Anregungen enthalten in der Regel eine Leitfrage, einen Impuls oder einen Auftrag.

Seite 4: Kalter Krieg

Infos: Die Karikatur stammt von Horst Haitzinger und heißt „Hilfe, ich werde verfolgt". „Die Karikatur regt zum Nachdenken über den Rüstungswettlauf an. Sie zeigt auf witzige Weise die Dynamik des Wettrüstens: Weil beide Mächte das Gefühl haben, sie würden verfolgt und seien deshalb bedroht, unternehmen sie riesige Anstrengungen und entwickeln mehr und neue Waffen. Sie rennen einander atemlos hinterher und kommen doch nie an einem Ort an, an dem sie sich ausruhen könnten. Das verdeutlicht die Sinnlosigkeit des Rüstungswettlaufes. Beide kommen nicht weiter. Es ist ein Teufelskreis. Eine der beiden Mächte müsste vielleicht den Mut aufbringen, stehen zu bleiben und das Gespräch zu suchen."
Aus R. Argast, A. Binnenkade, F. Boller, P. Gautschi, Viele Wege – eine Welt. Menschen in Zeit und Raum, Band 9, Buchs (Lehrmittelverlag des Kantons Aargau) 2005, S. 112–113; zit. nach www.hinschauenundnachfragen. ch/pdf/44_Portfolio.pdf; Stand 27.4.2009.

Didaktische Anregungen:
Die Schülerinnen und Schüler erzählen, was sie über Atombomben und den Ost-West-Gegensatz wissen.

Seite 5: Stunde Null

Lösungen: **1** Durch alliierte Flächenbombardements und durch die deutsche Strategie, bis zum letzten Mann zu kämpfen, wurde aus Deutschland eine Trümmerlandschaft.
2 Deutschland sollte den Kampf bedingungslos einstellen. **3** Auf der Konferenz in Casablanca im Januar 1943 beschlossen die USA und England, bis zur bedingungslosen Kapitulation des Feindes zu kämpfen, da nur eine totale Beseitigung der deutschen und japanischen Kriegsmacht der Welt den Frieden bringen könne. Außerdem hatten sie aus dem Ersten Weltkrieg gelernt. Revanchistischen Gedanken wie der „Dolchstoßlegende" und „im Felde unbesiegt" sollte der Boden entzogen werden. **4** Deutschland hatte bedingungslos kapituliert. Eine Regierung gab es nicht. Das Land lag in Schutt und Asche. Jeder musste selbst zusehen, wie er überlebte. Diesen überaus schweren Neuanfang, der einen Einschnitt in die deutsche Geschichte darstellt, nennt man auch die „Stunde Null".

Didaktische Anregungen:
Der ehemalige Bundespräsident Richard von Weizsäcker meinte in seiner Rede am 8. Mai 1985, es habe keine „Stunde Null" gegeben, sondern lediglich einen „Neubeginn".

Seite 6: Besatzungszonen

Lösungen: **1** Die Alliierten hielten fast alle Deutschen für Nationalsozialisten. Daher kamen sie nicht als Befreier, sondern als Richter. **2** Zur sowjetischen Zone gehörten: Mecklenburg, Brandenburg, Sachsen-Anhalt, Thüringen, Sachsen; zur britischen Zone: Schleswig-Holstein, Bremen, Hamburg, Niedersachsen, Nordrhein-Westfalen; zur amerikanischen Zone: Hessen, Württemberg-Baden, Bayern; zur französischen Zone: Rheinland-Pfalz, Saargebiet, Baden, Württemberg-Hohenzollern. **3** SBZ = sowjetisch besetzte Zone.

Didaktische Anregungen:
Harte Bedingungen für Deutschland?

Seite 7: Überleben nach dem Krieg

Lösungen: 1 und **2** M1 = C: Hamsterfahrt; M2 = B: Kohlenklau; M3 = A: Schwarzmarkt.
3 Hamsterfahrt: Viele Menschen fuhren mit der Eisenbahn in ländliche Gebiete, um bei den Bauern Sachwerte gegen Kartoffeln, Eier, Speck oder andere Lebensmittel zu tauschen. Kohlenklau: Erwachsene sprangen auf Lkws oder Züge und warfen die Kohle hinunter, die andere dann aufsammelten. Schwarzmarkt: Illegales Tauschen von Waren. (Als Währungseinheit galten damals amerikanische Zigaretten.) **4** Rechts auf dem Foto befindet sich – nicht zu erkennen – eine Pumpe. Die Menschen stehen an, um Wasser zu holen.

Infos: Der Kölner Kardinal Frings predigte, dass Stehlen zum Überleben erlaubt sei. „Fringsen" wurde daher ein Euphemismus für „Klauen".

Didaktische Anregungen: Ist auch heute Stehlen erlaubt?

Seite 8: Flüchtlinge

Lösungen: 1 Die Flüchtlinge haben ihre Wertsachen mitgenommen, außerdem Dokumente, Fotos und Erinnerungsstücke sowie Lebensmittel und Decken. **2** Flüchtlinge fliehen vor einer Gefahr; Vertriebene werden gezwungen, ihre Heimat zu verlassen; Umsiedler erhalten einen neuen Wohnort zugewiesen. **3** Zum Beispiel: „Es kann nicht sein, dass nur ein Teil der Bevölkerung die Lasten des Krieges zu tragen hat!" – „Meinen Sie, es macht mir Spaß, in einer Notunterkunft zu wohnen?"

Didaktische Anregungen: Entfernte Verwandte stehen mit ihren Habseligkeiten vor der Tür und bitten um Aufnahme. – Spielt diese Szene.

Seite 9: Entnazifizierung

Lösungen: 1 Hermann Göring (Selbstmord), Joachim von Ribbentrop, Wilhelm Keitel und Fritz Sauckel wurden zum Tode verurteilt, Rudolf Hess und Erich Raeder zu lebenslänglicher Haft (nach neun Jahren aus gesundheitlichen Gründen entlassen), Karl Dönitz zu 10 Jahren und Baldur von Schirach zu 20 Jahren Haft. **2** Antwort b).
3 Alliierten, entnazifizieren, NSDAP-Mitglieder, Mitläufer, Arbeitslager. **4** Die Geste bedeutet: „Davon habe ich nichts gewusst" oder „Was habe ich damit zu tun?"

Infos: Bei der Dame auf dem Foto M2 handelt es sich um Mathilde Ludendorff, Witwe des Generals Erich Ludendorff.

Didaktische Hinweise: Nürnberger Prozess – Siegerjustiz?

Seiten 10: Ost-West-Gegensatz

Lösungen: 1 Solange es galt, den gemeinsamen Feind zu bekämpfen, „ritten" die Alliierten in die gleiche Richtung. Nun schlagen sie entgegengesetzte Wege ein. Sie scheinen zerstritten zu sein. **2** Westen: individuelle Freiheit, Marktwirtschaft, parlamentarische Demokratie; Osten: Einparteiensystem, Planwirtschaft, sozialistische Gesellschaft. **3** Nach Vorstellung der UdSSR sollte aus Deutschland ein kommunistischer Staat, aus Sicht der Westmächte ein demokratischer Staat mit freier Marktwirtschaft werden. **4** Da die UdSSR und die Westmächte unterschiedliche Vorstellungen über die Zukunft ihrer Zonen hatten, war abzusehen, dass Deutschland auf kurz oder lang auseinandergerissen wird.

Didaktische Anregungen: Die Karikaturen M1 und M2 zeigen Weitblick!

Seite 11: Teilung Deutschlands

Lösungen: 1 Teilung. **2** Kontrollrat: Kommission der Siegermächte, um Deutschland zu regieren; Trizone: Zusammenschluss der drei westlichen Besatzungszonen; Parlamentarischer Rat: Versammlung, welche eine Verfassung ausarbeitete; Berliner Blockade: alle Zufahrtswege nach Westberlin wurden gesperrt; Währungsreform: staatliche Neuordnung des Geldwesens; Marshallplan: Hilfsprogramm für Europa; Grundgesetz: vorläufige Verfassung der BRD. **3** M1 = Marshallplan; M2 = Berliner Blockade; M3 = Währungsreform. **4** „Alles ohne" bedeutet ohne Lebensmittelkarten einkaufen.

Didaktische Anregungen: Was führte zur Teilung Deutschlands?

Seite 12: In guter Verfassung: das Grundgesetz

Lösungen: 1 Von links: ausführende Gewalt (Regierung, Verwaltung, Polizei) – Gesetzgebung – Rechtsprechung. **2 a)** Bundestag und Bundesrat; **b)** die Abgeordneten des Bundestags; **c)** die Mitglieder der Bundesversammlung. **3** Wer wählt, bestimmt, welche Parteien ins Parlament einziehen.

Infos: Die Bundesversammlung besteht aus den Mitgliedern des Bundestages und aus Abgesandten der Länderparlamente.

Didaktische Anregungen: Der Wähler betritt den Wahlraum. Schildert, was dann passiert.

Seite 13: Koreakrieg 1950–1953

Lösungen: 1 Sowjets, Grenze, Regierung, Korea, Truppen, Nordkoreaner, Waffenstillstand. **2** Von oben: 3 – 1 – 2. **3** Nordkoreanische Truppen überschreiten die Demarkationslinie. Der Koreakrieg beginnt.

Didaktische Anregungen: Millionen Tote – und politisch hat sich nichts verändert!

Seiten 14/15: NATO und Warschauer Pakt

Lösungen: 1 Belgien, Bundesrepublik Deutschland, Dänemark, Frankreich, Griechenland, Großbritannien, Island, Italien, Kanada, Luxemburg, Niederlande, Norwegen, Portugal, Spanien, Türkei, Vereinigte Staaten. **2** Albanien, Bulgarien, Deutsche Demokratische Republik, Polen, Rumänien, Sowjetunion, Tschechoslowakei, Ungarn. **3** Die USA, England, Frankreich und die UdSSR haben 1945 die Eiche gefällt, das nationalsozialistische Deutschland besiegt. 10 Jahre später päppeln sie auf dem Stumpf zwei Bäumchen hoch. Zwei deutsche Staaten entstehen. **4** Deutschlands Teilung wird vertieft, wenn nicht gar zementiert.

Didaktische Anregungen: Obwohl der Warschauer Pakt aufgelöst wurde, gibt es die NATO immer noch!

Seite 16: Kubakrise

Lösungen: 1 Die sowjetische Politik ist verständlich. Schließlich liegen ihre größten Städte in Reichweite amerikanischer Raketen. **2** Die Familie befürchtet den Ausbruch eines neuen Weltkriegs. Sie wusste, eine Auseinandersetzung um Kuba würde sich rasch ausweiten. **3** Chruschtschow scheint mehr Angst als Kennedy zu haben. Er wird die Raketen aus Kuba abziehen.

Infos: Auf der Rakete links (M1) steht: „Sowjetbasen in Kuba". Die Karikatur M4 hat den Titel: „Einverstanden, Herr Präsident, wir wollen verhandeln."

Didaktische Anregungen: Wie urteilst du über Kennedys Vorgehen?

Seite 17: Vietnamkrieg

Lösungen: 1 Südvietnam, Truppen, Vietcong, Vietnamkrieg, Kampfstoffe, Verlusten. 2 Zum Beispiel: Irrsinn des Krieges.

Infos: Weltweit wurde das Foto M2 „in Tausenden von Zeitungen veröffentlicht und seitdem immer wieder gezeigt, ein Symbol für den Irrsinn des Krieges: Nackt und mager, beide Arme im Schock vom Leib abgespreizt, schreiend vor Schmerzen, den Mund im Heulen weit offen, flieht ein kleines Mädchen im Vietnamkrieg entlang einer Landstraße, umgeben von anderen verängstigten Kindern und Soldaten mit Gewehren – im Hintergrund verbrannte Wälder, Feuer, Krieg. Die ‚New York Times' schrieb damals: ‚Es fällt schwer angesichts solcher Aufnahmen, den Glauben an die Menschheit nicht zu verlieren.'
Das geschah am 8. Juni 1972, und die kleine Kim Phuc Phan Ti war neun Jahre alt. An diesem Tag begann die südvietnamesische Armee eine Großoffensive gegen den Vietcong, der jenseits der Städte über zwei Drittel des Landes besetzt hielt. Amerikanische Kampfflugzeuge unterstützen den Angriff. Jagdbomber vom Typ ‚Skyraider' nahmen Kurs auf das Dorf Trang Bang bei Saigon, den Heimatort Kim Phucs. Die Piloten warfen Napalm-Bomben ab, die Wälder und Menschen verbrennen. Der klebrige Feuerregen hat sich damals tief in die Haut der kleinen Vietnamesin gefressen – und der Augenblick in ihr Gedächtnis." Zit. n. Guido Knopp, Bilder, die Geschichte machten, München (Thienemann) 1992, S. 10.

Didaktische Anregungen: Die bösen Amerikaner!? (Die Schülerinnen und Schüler sollten bei ihrer Kritik nicht vergessen, dass dieses Bild ein Reporter der Nachrichtenagentur Associated Press schoss und dass es in amerikanischen Zeitungen veröffentlicht wurde.)

Seiten 18/19: Das Mädchen aus Vietnam

Lösungen: 1 Die Dorfbewohner suchten im Tempel Schutz.
2 Die Dorfbewohner standen auf der Seite des Siegers. Sie wollten in Frieden ihrer Arbeit nachgehen. 3 Das Foto hat viele Menschen erschüttert und zu Gegnern des Vietnamkriegs gemacht. 4 Durch die einseitige Berichterstattung wird häufig der Eindruck erweckt, als wenn nur die westliche Seite Grausamkeiten verübe. Andererseits ist es gut, dass die Gräuel des Krieges auch den unbeteiligten Zuschauern vor Augen geführt werden.

Didaktische Anregungen: Kim Phuc erhielt eine intensive Krankenhausbehandlung. Das war kein Zufall!

Seite 20: Entkolonialisierung

Lösungen: 1 gewaltfrei, Befehle, Bürger, Ungehorsam, Gandhi, Engländer, Regeln, Gegner, Widrigkeiten, Beispiel, Spinnrad. 2 Die Inder sollten teure englische Stoffe kaufen. 4 Der Freiheitskämpfer sieht zwei Probleme: mangelnde Bereitschaft, sich auf Neues einzustellen, sowie religiöse Auseinandersetzungen.

Didaktische Anregungen: Gewaltloser Widerstand – funktioniert das immer?

Seite 21: Fragen und Antworten

Lösungen: 1 a) Flüchtlinge; **b)** Wellblechbaracke; **c)** Luftbrücke; **d)** Nato; **e)** Gandhi; **f)** Bulgarien; **g)** Vietnam; **h)** Sowjetunion; **i)** Zone; **j)** Stalin; **k)** entnazifizieren. **Lösungswort:** GRUNDGESETZ.

Didaktische Anregungen: Schülerinnen und Schüler stellen Wissensfragen zum Kapitel.

Seite 22: **Von der Teilung zur Einheit**

Didaktische Anregungen: Die Schülerinnen und Schüler tragen zusammen, was sie über die BRD und die DDR und deren Vereinigung wissen.

Seite 23: Wirtschaftswunder

Lösungen: 1 Handel, Verkehr, Industrie und Handwerk, Banken und Versicherungen, Landwirtschaft. **2** Letztlich bestimmt der Käufer, was produziert wird. **3** Großes Angebot und geringe Nachfrage = Preise sinken; geringes Angebot und hohe Nachfrage = Preise steigen. **4** Zum Beispiel: „Und da kommt unser Kinderzimmer hin." „Ich kann es noch gar nicht glauben, dass wir eine eigene Wohnung bekommen."

Didaktische Anregungen: Das Wirtschaftswunder stabilisiert die Demokratie! (Vergleich mit Weimar)

Seite 24: Schwieriger Start

Lösungen: 1 Die DDR erhielt (wie auch die anderen sozialistischen Staaten) keine „Geldspritze" zur Ankurbelung der Wirtschaft. **2** Der Marshallplan war nur für Länder mit freier Marktwirtschaft vorgesehen – sozialistische Staaten hätten also aus dem Ostblock ausscheren müssen, was die Sowjets natürlich nicht zugelassen hätten. **3** SED: Abkürzung für Sozialistische Einheitspartei Deutschlands. **4** Marktes, Wirtschaftsflaute, Arbeitnehmer, Kommunisten, Planwirtschaft, Bedürfnissen, Strandkörbe.

Infos: Die SED ging aus dem mehr oder weniger erzwungenen Zusammenschluss von SPD und KPD in der sowjetisch besetzten Zone hervor.

Didaktische Anregungen: Sprecht über das Plakat M2.

Seite 25: Wirtschaft in Ost und West

Lösungen: 1 Käuferschlangen vor HO-Geschäften in der DDR. Überfluss an Waren in einem Supermarkt der BRD. **2** Rot: volkseigene Betriebe, sicherer Arbeitsplatz, stabile Preise. **3** Zum Beispiel für die DDR: immenser bürokratischer Aufwand; für die BRD: Gewinnmaximierung.

Infos: Die Handelsorganisation (HO) war eine volkseigene Einzelhandelskette in der DDR.

Didaktische Anregungen: Freie Marktwirtschaft und Planwirtschaft im Vergleich.

Seiten 26/27: Was geschah am 17. Juni 1953?

Lösungen: **1** Reaktionäre Elemente = Leute von gestern; faschistische Agenten = rechtsradikale Spione; technische Intelligenz = Techniker; Männer und Frauen, welche die technische Entwicklung vorantreiben; Provokation = Herausforderung, Hetzerei, Aufwiegelung; Provokateur = jemand, der andere aufstachelt; kapitalistische Monopole = nach Karl Marx Unternehmen, die aufgrund ihrer marktbeherrschenden Stellung die Preise diktieren. **2** In Berlin kam es zu „schweren Störungen der Ordnung" und zu „Unruhen", als Bauarbeiter die Arbeit niederlegten. Für die Vorfälle werden westliche Agenten verantwortlich gemacht. **3** Panzer fahren auf. Sie werden von jungen Männern mit Steinen beworfen. **4** Die „Unruhen" waren wohl eher ein Aufstand, der sich aus einem Protestmarsch entwickelt hatte. **5** Brecht hat es sicherlich schwer getroffen, dass gerade ein Arbeiter- und Bauernstaat rücksichtslos gegen Werktätige vorgeht.

Sein zynischer Kommentar: Kommunisten, sucht euch ein anderes Volk, ein Volk, das nach euren Vorstellungen leben will, da ihr ja nicht imstande seid, euch nach den Bedürfnissen des Volkes zu richten.

Infos: Die technische Intelligenz erhielt in der DDR eine zusätzliche Altersrente.

Didaktische Anregungen: Mit Panzern gegen Werktätige in einem Arbeiter- und Bauernstaat!?

Seite 28: Auf dem Weg zur Demokratie

Lösungen: **1** Das Foto zeigt die traditionelle Rollenverteilung: Frauen kümmern sich um Haushalt und Kinder. **2** Es handelt sich um die „Spiegel-Affäre".

Infos: „Aufgrund eines kritischen Artikels über die Bundeswehr im Oktober 1962 ermittelte die Bundesanwaltschaft wegen Landesverrates gegen den ‚Spiegel'. Auf Drängen von Verteidigungsminister Strauß wurden der Herausgeber Rudolf Augstein und der zuständige Redakteur Conrad Ahlers verhaftet. Die Redaktionen der Zeitschrift wurden von der Polizei für mehrere Wochen besetzt, sodass nur Notausgaben des Magazins erscheinen konnten. Die ‚Spiegel-Affäre' führte zu einer Welle von Protesten gegen den staatlichen Angriff auf die Pressefreiheit. Innenminister Höcherl musste eingestehen, dass das Handeln der Behörden ‚etwas außerhalb der Legalität' verlaufen war." Zit. nach http://www. demokratiegschichte.eu/index. php?id=148; Stand: 27. 4. 2009.

Didaktische Anregungen: Demokratie – eine Lebensform!

Seiten 29: Frauen in Deutschland

Lösungen: **1 a)** Nach der Verfassung der DDR von 1949 (Artikel 7, Abs. 1) sind Mann und Frau gleichberechtigt. **b)** Siehe M4. **c)** In der DDR waren gut 80 % aller Frauen erwerbstätig. **d)** Der Anteil der Frauen in typischen Männerberufen war wesentlich höher als in der BRD. **e)** Viele Kinder wurden nach dem Unterricht betreut. **f)** Einen Muttertag gab es nicht, dafür einen Frauentag.

Didaktische Anregungen: Vergleicht den Alltag von Frauen in der Bundesrepublik und in der Deutschen Demokratischen Republik.

Seite 30: Bau der Mauer

Lösungen: **1** 1951 = 150 000; 1952 = 195 000; 1953 = 331 390; 1954 = 170 000; 1955 = 250 000; 1956 = 279 189; 1957 = 250 000; 1958 = 90 000; 1959 = 170 000; 1960 = 207 026. **2** Nach dem gescheiterten Aufstand hatten viele Leute Repressalien zu befürchten. **3** Zum Beispiel: Ich verlasse die DDR, weil man mir meinen Hof weggenommen hat. In einer LPG arbeite ich nicht. / Ich kann mich als Künstlerin nicht entfalten. Ständig die staatliche

Bevormundung. Adieu! Es kann nur besser werden. / Hier kriege ich als Arbeiter des Geistes nur einen Hungerlohn. Im Westen habe ich ganz andere Verdienstmöglichkeiten. Die DDR kann mich mal. / Mit Sascha – das klappt nicht. Ich brauche Abstand. **4** Es flohen gut ausgebildete Kräfte. Die DDR konnte diesen „Aderlass" auf Dauer nicht verkraften.

Didaktische Anregungen: Hatte die DDR Alternativen zum Mauerbau?

Seite 31: Reaktionen auf den Mauerbau

Lösungen: **1** Kennedy war amerikanischer Präsident, Macmillan britischer Premierminister, Adenauer Bundeskanzler und Brandt Regierender Bürgermeister von Berlin. **2** (Letztlich handelten sie besonnen.) **3** (Im Grunde ein unverantwortlicher Aufmacher. Da werden Emotionen hochgeputscht, die sich oftmals nicht mehr steuern lassen.) **4** Die Leute versuchen, über die Mauer zu schauen.

Infos zu Frage 4: „In der Bernauer Straße in Berlin grenzten seit 1945 der französische und der sowjetische Stadtsektor aneinander. Beim Bau der Mauer im August 1961 wurde die Straße geteilt: eine Straßenhälfte befand sich im Westen, während die Häuserwände auf der anderen Seite zu einem Teil der Mauer wurden. Auf dem Foto beobachten Anwohner von westlicher Seite aus fassungslos den Bau der Mauer im August 1961. Foto von Klaus Lehnartz." Zit. nach http://germanhistorydocs.ghi-dc.org/sub_image.cfm?image_id=607&language=german; Stand: 27.4.2009.

Didaktische Hinweise: Klassengespräch: Handelte die „Bild"-Zeitung verantwortungslos?

Seiten 32/33: Jugend in der DDR

Lösungen: **1** Nicht-Lesen-Können hat viele Ursachen, die sich oftmals nicht ohne Weiteres beheben lassen. Außerdem verhalten sich die Kinder in der Geschichte nicht wie Kinder, sondern wie kleine Parteidogmatiker. **2** Mit Solidarität und Einsicht lassen sich schwierige Probleme meistern. **3** Vorteil: Niemand wird mit seinen Problemen allein gelassen. Die Gruppe hilft. Nachteil: Wer die Erwartungen der Gruppe nicht erfüllt, bekommt Druck. **4** Zum Beispiel: „Wir sind heute 12 Kilometer gewandert. Das war spitze. Nach dem Abendessen haben wir Fußball gespielt. Viele Grüße." **5** Zum Beispiel: Frau Rosmanek, allein erziehend, arbeitet in einer Fabrik: „Bei den Jungen Pionieren ist mein Michael bestens aufgehoben. Wie viele Anregungen er dort erhält. Ich bin so froh."

6 (Der Text schildert lebensnah Gefühle und Gedanken eines Heranwachsenden.)

Infos: Über die Rockband Pankow: http://www.deutsche-mugge.de/portraits/2077-pankow.html; Stand 30.3.2017

Didaktische Anregungen: Möchtest du gern deine Ferien mit einer Jugendgruppe verbringen?

Seite 34: Jugend in der BRD: Wir protestieren!

Lösungen: **1** Zum Beispiel: „Kind, wie du herumläufst, schämst du dich denn nicht?" „Mein Gott, Oma, hör auf zu labern. Kümmere dich um deinen Kram." **2** Von links nach rechts: Ho Chi Minh – Lenin – Rosa Luxemburg. Ho Chi Minh (1890–1969): seit 1945 Präsident der Demokratischen Republik Vietnam, nach Teilung Vietnams 1954 Staatspräsident von Nordvietnam und Symbolfigur des vietnamesischen Kampfes gegen die USA; Rosa Luxemburg (1870–1919): SPD-Politikerin und Marxistin, 1918 Mitbegründerin der KPD; Lenin (1870–1924): russischer Revolutionär und Staatsmann, Gründer der Sowjetunion. **3** Wie an den Transparenten zu erkennen, handelt es sich um eine politische Demonstration, die jungen Leute protestieren also gegen den Vietnamkrieg.

4 Die Aufklärungsfilme richten sich gegen die Tabuisierung der Sexualität und eine verklemmte Moral.

Didaktische Anregungen: Wieso war das Outfit der jungen Frau (M1) damals revolutionär?

Seite 35: Frauen emanzipieren sich

Lösungen: 1 Die Demonstrantinnen sind nicht länger bereit, ihre überlieferte Rolle als Frau und Mutter zu erfüllen, die als unzeitgemäß empfunden wird. **2** Die Frauen wollen studieren, auswärts arbeiten, nicht nur für Kinder und Haushalt zuständig sein, sich frei entfalten, sich kleiden, wie es ihnen passt usw. **3** Das Plakat setzt sich für die Gleichberechtigung von Frauen ein. Sie sollen von den Männern als Partnerinnen in allen Lebensbereichen anerkannt werden.

Didaktische Anregungen: Gibt es heute noch Vorurteile gegen Frauen? Sind sie gleichberechtigt?

Seiten 36/37: Wandel durch Annäherung

Lösungen: 1 Adenauer: gute Beziehungen zu den Westmächten, insbesondere Aussöhnung mit Frankreich, Westintegration, NATO-Mitgliedschaft. Brandt: Verständigung mit der DDR und den Staaten Osteuropas. **2** Adenauers Ostpolitik: Eine Politik der Stärke …; Eine Anerkennung der derzeitigen Grenzen …; Erst nach einer Wiedervereinigung …; Allein die Bundesrepublik … **3** Egon Bahr glaubte, eine Veränderung im Ostblock könne nur langfristig durch eine große Anzahl kleiner Schritte erreicht werden.

4 Herrschaft, Juden, Riga, Getto, Aufstand, Vernichtungslager, Nazis.

Didaktische Anregungen: Brandts Kniefall: überfällig oder überflüssig?

Seite 38: Reformen in Osteuropa

Lösungen: 1 „Wichtigste Rahmenbedingung der politischen Beziehungen zwischen den sozialistischen Staaten muss die absolute Unabhängigkeit dieser Staaten sein." **2** Die Ostblockstaaten dürfen eine eigene Innen- und Außenpolitik betreiben. **3** Ungarn durchschneidet den „Eisernen Vorhang" und öffnet sich dem Westen. **4** Die Demonstranten hofften, dass Gorbatschow die DDR-Regierung bewegen kann, Reformen durchzuführen.

Didaktische Anregungen: Welche Veränderungen erhofften sich die Bürgerinnen und Bürger der DDR?

Seite 39: Montagsdemonstrationen

Lösungen: 1 „Reisefreiheit statt Massenflucht" – richtet sich gegen die Reisebeschränkungen. „Lieber eine Wanze im Bett als eine in der Steckdose" – gegen den Überwachungsstaat, konkret gegen die Stasi. **2** Während man im Oktober Reformen fordert, werden im November vereinzelt Rufe nach der Wiedervereinigung laut. **3** Der Slogan „Wir sind das Volk" richtet sich gegen die Regierung (nicht ihr, sondern wir bestimmen), der Ausspruch „Wir sind ein Volk" wünscht die Vereinigung beider deutscher Staaten.

Didaktische Anregungen: Erläutert die Sprüche auf dem Foto M1.

Seite 40: Zwei-plus-Vier-Vertrag

Lösungen: 1 BRD und DDR sowie Frankreich, England, UdSSR und USA. **2** Deutschland sagt zu, die bestehenden Grenzen zu respektieren, bekräftigt sein Bekenntnis zum Frieden, beschränkt seine Streitkräfte auf 370 000 Mann und verspricht, keine ausländischen Streitkräfte, keine Atomwaffen und keine Atomwaffenträger auf ostdeutschem Gebiet zu stationieren. **3** Die rechte Karikatur zeigt ein (harmonisches) Zusammengehen beider Länder, während auf der linken sich die BRD die neuen Bundesländer recht rücksichtslos einverleibt.

Didaktische Anregungen: Auf welche Gebiete hat Deutschland mit dem Zwei-plus-Vier-Vertrag endgültig verzichtet?

Seite 41: Ernüchterung

Lösungen: 1 West und Ost teilen sich einen Kuchen. Ost muss sich mit der weitaus kleineren Hälfte begnügen (M1). Aber auch auf West kommen Belastungen zu (M2). Die Wiedervereinigung verlangt von West und Ost Opfer. **2** Die Marktwirtschaft verlangt eine andere Einstellung zur Arbeit als die Planwirtschaft. Mit der Umstellung auf die DM verlor der Osten seine ehemaligen Handelspartner. Viele Fabrikanlagen waren marode, technisch veraltet und nicht wettbewerbsfähig.

Didaktische Anregungen: Ossis und Wessis.

Seiten 42/43: Das Blaugeschlagene

Lösungen: 1 Das Blaugeschlagene ist die DDR. Sie hat einige Blessuren abbekommen und sieht nach den Sommerferien „immer noch so blöd aus". Martha (= die Jugend) träumt davon, nachts auf dem Balkon zu liegen und in den Sternenhimmel (= die Freiheit) zu schauen. **2** Viele DDR-Bürger sind in die bundesdeutschen Botschaften in Warschau, Budapest und Prag eingedrungen, um ihre Ausreise in die BRD zu erzwingen. **3** (Auf dem Foto sind hauptsächlich junge Leute zu sehen, die recht froh sind, die Strapazen der langen Reise überstanden zu haben, und nun etwas unsicher, aber doch hoffnungsvoll in die Zukunft schauen.)

Didaktische Anregungen: Warum haben die jungen Leute auf M2 ihre Ausreise erzwungen? Was erwarten sie von der BRD? Wo kommen sie unter?

Seite 44: Bundesrepublik Deutschland

Didaktische Anregungen: Wettbewerb: Ein Schüler nennt die Bundesländer, ein anderer die zugehörigen Hauptstädte. Welches Paar schafft alle 16?

Seite 45: Fragen und Antworten

Lösungen: 1 a) Adenauer; **b)** Thälmannpioniere; **c)** Mauer; **d)** Honecker; **e)** Rezession; **f)** Reisefreiheit; **g)** Leipzig; **h)** Planwirtschaft; **i)** Botschaft; **j)** Thüringen; **k)** Gorbatschow; **l)** Grundlagenvertrag. **Lösungswort:** EMANZIPATION.

Didaktische Anregungen: Schülerinnen und Schüler stellen Wissensfragen zum Kapitel.

Seite 46: **Europäische Einheit**

Didaktische Anregungen: Die Schülerinnen und Schüler tragen zusammen, was sie über die Europäische Union wissen.

Seite 47: Europa und der Stier

Lösungen: 1 Euphrat und Tigris. **2** Freundinnen, Strand, Götter, Europa, Königstochter, Stier, Rücken, Zeus, Meer, Kreta, Heimweh, Göttin, Name, Erdteil. **3** Aphrodite.

Didaktische Anregungen: Wer kennt andere Geschichten aus der griechischen Mythologie? (z. B. Prometheus, Herakles, Ilias, Odyssee)

Seiten 48/49: Europa – ein Kontinent

Lösungen: 2 Albanien, Andorra, Belgien, Bosnien-Herzegowina, Bulgarien, Dänemark, Deutschland, Estland, Finnland, Frankreich, Griechenland, Großbritannien, Italien, Irland, Island, Kosovo, Kroatien, Lettland, Liechtenstein, Litauen, Luxemburg, Mazedonien, Malta, Monaco, Moldau, Montenegro, Niederlande, Norwegen, Österreich, Polen, Portugal, Rumänien, Russland, San Marino, Schweden, Schweiz, Serbien, Slowakei, Slowenien, Spanien, Tschechien, Türkei, Ukraine, Ungarn, Vatikanstadt, Weißrussland, Zypern.

Didaktische Anregungen: Wettbewerb: Welche Gruppe kennt die meisten Hauptstädte der 47 Staaten?

Seite 50: Völkervielfalt und Vorurteile

Lösungen: 1 Tulpen (aus Amsterdam), Käse, Wind-mühlen, Holzschuhe, Gemüse aus Gewächshäusern (die wie Tomaten angeblich nach nichts schmecken), Antje, Heineken-Bier, Drogen. **2** Der Künstler stellt negative Dinge über Holland zusammen wie z. B. kiffen, Bier trinken, Umwelt-verschmutzung. **3** Zum Beispiel: Toleranz, hervorragende Deichanlagen. **4** pflichtbewusst, sparsam, pünktlich, unzufrieden, gründlich, gehorsam, zerstrit-ten, trinkfreudig usw. **6** (Eigentlich nicht, denn die Völker Europas sind nun einmal verschieden, ob die Vorurteile zutreffen oder nicht.)

Didaktische Anregungen: Welche Dinge verbindet man mit Deutschland? (Lederhosen, Sauerkraut, Schloss Neuschwan-stein, Schwarzwälder Kuckucks-uhr, Brandenburger Tor usw.)

Seite 51: Europas Wurzeln: Rom

Lösungen: 1 Portugal, Spanien, Frankreich, England, Belgien, Luxemburg, Niederlande, Deutschland, Schweiz, Österreich, Italien, Slowenien, Kroatien, Bosnien-Herzegowina, Montenegro, Kosovo, Serbien, Mazedonien, Albanien, Griechenland, Bulgarien, Rumänien, Türkei. **2** Die Straßen haben die europäischen Regionen miteinander verbun-den. Ein kultureller Austausch fand statt. **3** Die Europäer ha-ben von den Römern die lateini-sche Schrift übernommen so-wie deren Rechtsprechung, Wissenschaft, Technik und Kultur.

Didaktische Anregungen: Suche Wörter, die aus dem Lateinischen kommen.

Seite 52: Europas Wurzeln: Christentum

Lösungen: 1 Europa ist christlich geprägt durch Glauben, Bildung und Kultur. Christliche Mönche haben das Wissen des Altertums weitergeführt und weitergegeben. Sie haben Bücher geschrieben und übersetzt und sich mit Heilkunst, Gartenbau und Landwirtschaft beschäftigt. **2** Gebildete Geistliche beherrschten die lateinische Sprache. **3** linke Spalte: 5 – 2 – 4; rechte Spalte: 1 – 6 – 3.

Didaktische Anregungen: Worin unterscheiden sich christliche Glaubensbekenntnisse? Und was haben sie gemeinsam?

Seite 53: Stationen der Einigung

Lösungen: 1 Für die Einigung Europas sprechen wirtschaftliche und politische Gründe (riesiger Binnenmarkt, höherer Lebensstandard, friedliche Regelung von Konflikten, Bedeutung Europas auf dem internationalen Parkett). **2** Siehe Schaubild M1. **3** Die Radfahrer sind die EU-Staaten. Gemeinsam fahren sie besser.

Didaktische Anregungen: Quiz: Gehört der Staat … der EU an?

Seiten 54/55: Du und die EU

Lösungen: 1 Ich kann mit dem Euro in vielen europäischen Ländern bezahlen. Das lästige Umrechnen und Umtauschen entfällt. – An den Grenzen kann ich durchfahren. Kein stundenlanges Warten bis zur Abfertigung. – Innerhalb der EU darf ich arbeiten. Kein stressiger Papierkram für eine Arbeitserlaubnis. – Ich kann preiswert Produkte aus anderen Ländern kaufen, die früher durch Zölle und Einfuhrbestimmungen recht teuer waren. **2** (Die spanischen Bauern verkaufen ihr Obst so preiswert, dass französische Bauern nicht mithalten können.) **3** Ausländische Arbeitskräfte sind oft anspruchsloser. Sie sind bereit, zu geringen Löhnen zu arbeiten und nehmen dadurch Deutschen die Arbeit weg. **4** Bauern, EU-Ländern, Produkte, Europäischen Union, Unterschiede, Frankreich, Ausgleich, Strukturpolitik, Haushaltsmittel.

Didaktische Anregungen: Was hältst du von der EU?

Seiten 56/57: So funktioniert die EU

Lösungen: 1 Das Organ kann ein Körperteil sein (Herz, Augen), ein Presseerzeugnis oder Teil eines Staatsapparats. Außerdem ist es ein anderes Wort für Stimme, Sinn und Orgel. **2** Europäischer Rat: Er besteht aus den Regierungschefs …; Kommission: Nur sie hat das Recht …; Ministerrat: Letztlich bestimmt er …; Europäisches Parlament: Seine 785 Abgeordneten … **3** Sitz der Kommission: Brüssel; Sitz des Europäischen Gerichtshofs: Luxemburg; das Europäische Parlament tagt in Straßburg.

Didaktische Anregungen: Warum beteiligen sich so wenige EU-Bürger an der Wahl zum Europäischen Parlament?

Seite 58: Die Türkei will in die EU

Lösungen: 1 Ein assoziiertes Mitglied hat mit der EU einen Vertrag abgeschlossen, der u. a. die wirtschaftliche Zusammenarbeit regelt und Voraussetzungen für einen späteren Beitritt klärt. **2** Europa scheint etwas ratlos über den Beitrittswunsch der Türkei zu sein. **5** Die Zustimmung zur Aufnahme der Türkei in die EU hat zwischen 2002 und 2008 in der EU deutlich, in Deutschland aber dramatisch abgenommen. Seit 2005 führt die EU Beitrittsverhandlungen mit der Türkei. Seitdem fürchten die wohlhabenden EU-Bürger zunehmend, dass die Türken massenhaft in ihre Länder einwandern, Arbeitsplätze wegnehmen und ihre Kultur bedrohen könnten. Auch werden hohe Transferzahlungen der EU an den türkischen Staat befürchtet.

Infos: Karikatur: Der Mann stellt den türkischen Ministerpräsidenten Recep Tayyip Erdogan dar, der Europa den Beitrittsantrag seines Landes entgegenhält.

Didaktische Anregungen: Sollte die EU jeden beitrittswilligen Staat aufnehmen?

Seite 59: Osman oder Ali Baba

Lösungen: 1 a) H; **b)** A; **c)** L; **d)** B; **e)** M; **f)** O; **g)** N; **h)** D. **Lösungswort**: HALBMOND.

Didaktische Anregungen: Quizfragen zur Türkei.

Seiten 60/61: Wissenswertes über Europa

Lösungen: 1 Wer Hilfe braucht, wird sich an die österreichische oder an die englische Botschaft wenden. Denn die USA und Russland gehören nicht der EU an. Wegen der Sprache würden die meisten die österreichische Botschaft vorziehen. **2** An die DM hatte man sich gewöhnt. Außerdem befürchteten viele, der Euro werde nicht so stark wie die DM sein.

Didaktische Anregungen: Wahrzeichen einer Stadt, einer Region oder eines Landes nennen.

Seite 62: Europa in der Karikatur

Lösungen: 1 Bildbeschreibung: Auf einem Stier sitzt eine nackte junge Frau. Ein Mann mit einem Skelettkopf sticht auf das Tier ein. Entsetzt weicht die Frau zurück. Übersetzung der Symbole: Der Stier mit der jungen Frau auf dem Rücken steht für Europa. Der „schwarze Mann" mit dem Stern auf der Pelzmütze stellt die Sowjetunion dar. **2** Bildbeschreibung: Vor einer befestigten Stadt mit hochgezogener Zugbrücke sind zahlreiche Zelte aufgeschlagen. Übersetzen der Symbole: Die Stadt stellt Europa dar und die Zelte die vielen beitrittswilligen Länder. Historische Einordnung: In den 90er-Jahren wünschten Staaten des ehemaligen Ostblocks politische und wirtschaftliche Sicherheit in der EU. Botschaft: Wie lange will sich Europa noch abschotten?

Didaktische Anregungen: Entwirf selbst eine Karikatur.

Seite 63: Fragen und Antworten

Lösungen: 1 a) Lettland; **b)** Euro; **c)** Christentum; **d)** Moltebeere; **e)** Phönizien; **f)** Vielfalt; **g)** Ministerrat; **h)** Australien; **i)** Straßburg. **Lösungswort**: EUROPARAT.

Didaktische Anregungen: Schülerinnen und Schüler stellen Wissensfragen zum Kapitel.

Seite 64: **Globalisierung**

Didaktische Anregungen: Die Schülerinnen und Schüler sprechen über die Globalisierung.

Seite 65: Warum Krieg?

Lösungen: 1 a) Hungrige Jägergruppen überfallen Bauern, um deren Vorräte zu rauben. **b)** Es kommt zu Streitigkeiten, weil Jägerhorden die Felder „ernten" oder Bauern im Gehege der Jäger „wildern". **c)** Streit um Wasser, Weiderechte usw. **2** Zweiter Weltkrieg, Kalter Krieg, Koreakrieg, Vietnamkrieg, Unabhängigkeitskriege, Nahostkonflikt. **3** Bürgerkriege sind bewaffnete Auseinandersetzungen zwischen verschiedenen Bevölkerungsgruppen eines Staates aus religiösen, ethnischen, wirtschaftlichen und sozialen Gründen. **4** Krieg gegen Terroristen. Der Gegner ist nicht eindeutig auszumachen. Unvermittelt schlägt er zu. Seine Ziele sind diffus. In erster Linie will er Angst und Schrecken verbreiten.

Didaktische Anregungen: Statt Krieg sagt man auch: Waffengang, bewaffnete Auseinandersetzung, Verteidigungsfall. Was haltet ihr von dieser Wortwahl?

Seiten 66/67: Eine Sache für die UNO

Lösungen: 1 Die UNO setzt sich ein für Frieden und Menschenrechte. **2** Vollversammlung: Ihr gehören …; Sicherheitsrat: Er besteht …; Generalsekretär: Er steht an der Spitze …; Internationaler Gerichtshof: Er entscheidet … **3** Die Blauhelme befinden sich in Kroatien. Sie überqueren gerade den Fluss Mrežnica. **4** Organe der UNO: Vollversammlung, Sicherheitsrat, Generalsekretär, Internationaler Gerichtshof.

5 Seit dem 1. Januar 2007 ist der Südkoreaner Ban Ki-moon Generalsekretär der Vereinten Nationen. **6** Ständige Mitglieder des Sicherheitsrats sind: Frankreich, VR China, Russland, USA, Großbritannien. **7** Einspruchsrecht (wörtlich: ich verbiete). **8** Blauhelme. **9** Der Lauf des Revolvers ist verknotet. Aus ihm kommt keine tödliche Kugel. Die Botschaft der Skulptur heißt: Keine Gewalt!

10 Das Kunstwerk steht vor dem Sitz der UNO, also in New York.

Infos: Die Mrežnica entspringt westlich von Slunj und mündet nach rund 60 Kilometern nahe Karlovac in die Kupa.

Didaktische Anregungen: Sollte die UNO eigene Truppen unterhalten?

Seite 68: Bundeswehr im Auslandseinsatz

Lösungen: 1 Der Bund kann sich … einem System gegenseitiger kollektiver Sicherheit einordnen, das heißt, er kann einem Verteidigungsbündnis beitreten. **2** Die Bundeswehr darf eingreifen, um Beschlüsse des UNO-Sicherheitsrates umzusetzen. Voraussetzung ist aber, dass der Bundestag dem Einsatz der Bundeswehr zustimmt. **3** Die Bundeswehr ist in Afghanistan eingesetzt. Sie schützt den Norden vor Angriffen der Taliban, bildet afghanische Polizisten aus und hilft beim Wiederaufbau des Landes.

Didaktische Anregungen: Klassengespräch über den Auslandseinsatz der Bundeswehr.

Seite 69: Entwicklungsländer

Lösungen: 1 a) z. B. Deutschland, USA, Italien; **b)** z. B. Demokratische Republik Kongo, Bolivien, Indien. **2** Im Süden. **3** (Merkmale der Entwicklungsländer sind: niedriger Lebensstandard, starkes Bevölkerungswachstum, geringer Bildungsstandard, Kinderarbeit, hohe Arbeitslosenquote.) **4** Entwicklungsländer führen Fertigwaren ein und exportieren Rohstoffe. Von 1985 bis 1998 (s. M2) hat sich die Handelsbilanz der Entwicklungsländer verschlechtert. **5** Die Entwicklungsländer sind völlig von den Rohstoffpreisen abhängig. **6** Die Entwicklungsländer müssten eine eigene Industrie aufbauen, um von den ausländischen Einfuhren unabhängig zu werden.

Infos: In der Zeit des Kalten Krieges (1946–1990) wurde entsprechend der Blockbildung zwischen Erster Welt (westliche Industriestaaten), Zweiter Welt (Industriestaaten mit Planwirtschaft) und Dritter Welt (Entwicklungsländer) unterschieden. Heute wird für Länder, die sich zum Industrieland hin entwickeln (z. B. Mexiko, China, Indien, Brasilien, Russland), oft der Begriff „Schwellenländer" verwendet. Welche Länder dazuzurechnen sind, ist jedoch umstritten.

Didaktische Anregungen: Interpretation des Plakats von Klaus Staeck (M1).

Seite 70: Bevölkerungswachstum

Lösungen: 1 2030 wird es rund 8,5 Milliarden Menschen geben, mehr als doppelt so viele wie 1970. Ursache dafür ist in erster Linie die „Geburtenexplosion" in den Entwicklungsländern. **2** Das rasche Wachstum der Bevölkerung erschöpft die Ressourcen und belastet nachhaltig die Umwelt. Außerdem wird die Armut zunehmen. **3** Traditionen und Vorurteile stehen der Geburtenkontrolle entgegen. Kinderreichtum war früher ein Synonym für Wohlergehen. **4** Je höher der Lebensstandard, desto länger die Berufsausbildung, desto später die Familiengründung. Mehrere Kinder zu haben, bedeutet außerdem, auf vieles zu verzichten.

Didaktische Anregungen: Skizziere deine Lebensplanung. Wie viele Kinder möchtest du einmal haben?

Seite 71: Entwicklungshilfe

Lösungen: 1 Die Entwicklungsländer müssen sich „entwickeln", d. h. eine funktionierende Wirtschaft, Gesundheitswesen, Schulsystem und Verwaltung aufbauen. Sonst bilden sie den Nährboden für Radikalismus und Terrorismus. Hungerrevolten könnten sich rasch ausweiten. **2** Armut, Kinderarbeit, Unwissenheit, Bevölkerungsexplosion. **3** Die Menschen in den Entwicklungsländern sind arm. Ihre Kinder müssen daher arbeiten. Sie haben keine Zeit, eine Schule zu besuchen. Wegen mangelnder Qualifikation werden sie später schlecht bezahlte Hilfsarbeiten erhalten. Ihre Kinder müssen dann ebenfalls wieder arbeiten usw. **4** Stabile und faire Preise sollen den Entwicklungsländern beim wirtschaftlichen Aufschwung helfen.

Didaktische Anregungen: Wärst du bereit, TransFair-Produkte zu kaufen?

Seite 72: Energie und Umwelt

Lösungen: 1 Ohne Energie kein Fernseher, kein Auto, kein Ofen, keine Lampen, kein Computer, keine Elektrogeräte, keine Industrie usw. **2** Energie wird gewonnen aus atomaren Prozessen (M1), aus Öl (M2), Wind (M3) und Kohle (M4). **3** Strahlungen belasten die nähere Umgebung. Flusswasser wird aufgeheizt. Kernkraftwerke können Katastrophen verursachen (s. Tschernobyl). Öldämpfe verpesten die Luft. Leckgeschlagene Tanker verunreinigen das Meer. Der CO_2-Ausstoß von Kohlekraftwerken begünstigt den Treibhauseffekt. Windparks belasten die Umwelt kaum. Sie verunstalten lediglich die Landschaft.

Didaktische Anregungen: Diskussion über regenerative Energie.

Seite 73: Treibhauseffekt

Lösungen: 1 Sonne, Strahlen, Atmosphäre, Scheibe, Wärme, Weltall, Industrialisierung, Gase, Kohle, Erde, Treibhauseffekt, Staaten. **2** Du brauchst: Thermometer, 2 Wassergläser, Glasschüssel, Wasser, Sonnenschein. So gehst du vor: Du füllst zwei Gläser gleich hoch mit Wasser und stellst sie in die Sonne. Über das eine Glas hast du eine Glasschüssel gestülpt. Nach einer Stunde nimmst du die Schüssel weg und misst mit einem Thermometer die Wassertemperatur in beiden Gläsern. Ergebnis: Das Wasser unter der Schüssel ist wärmer.

Didaktische Anregungen: Führe den Versuch durch.

Seiten 74/75: Nahostkonflikt

Lösungen: 1 Zum Beispiel: „Palästina ist das Land, das Gott uns einst zugewiesen hat." – „Auch wir Juden brauchen, wie die übrigen Völker, einen eigenen Staat." – „Solange wir keinen eigenen Staat haben, werden wir immer verfolgt werden." **2** Die Palästinenser wurden vertrieben oder flohen aus ihrer Heimat. **3** 1967: Sechs-Tage-Krieg; 1973: Jom-Kippur-Krieg. **4** Die UN-Truppen sollen den Waffenstillstand sichern. **5** Am 13. September 1993 wird das „Rahmenabkommen" in Washington unterzeichnet. Israel erkennt die PLO an; die PLO verpflichtet sich zum Frieden und streicht jene Paragrafen aus ihrer Charta, in denen zur Auslöschung Israels aufgerufen wird. **6** Stolpersteine von damals und größtenteils auch von heute: Siedler, Likud, Ultras, Hamas, Habash.

Infos: Siedler sind Israelis, die sich im Westjordanland, auf dem Gazastreifen und auf den Golanhöhen niedergelassen haben. Sie fordern, dass Israel sich diese Gebiete einverleibe. Likud ist ein konservatives Parteienbündnis mit teilweise nationalistischen Parolen. Ultras sind rechtsextreme Israelis, die vor Terroranschlägen nicht zurückschrecken. Hamas ist eine palästinensische Terrororganisation, die Selbstmordattentate auf israelische Zivilisten und Soldaten durchgeführt hat. George Habash war von 1968 bis 2000 Generalsekretär der Volksfront zur Befreiung Palästinas (PFLP).

Didaktische Anregungen: Mit welchen Schwierigkeiten mussten die Juden fertig werden, die nach Palästina ausgewandert sind?

Seiten 76/77: Durchweinte Nächte

Lösungen: 1 Aylin kommt aus einem konservativen Elternhaus und muss sich in einer liberalen Umgebung zurechtfinden. Das führt immer wieder zu Konflikten. **2** Aylin ist hin- und hergerissen. Häufig hat sie sich über ihre Eltern geärgert. Mit 18 zeigt sie jedoch Verständnis für deren Verhalten – um dann hilflos zu fragen: „Was soll ich tun?" **3** (Aylins Eltern verhalten sich recht selbstgefällig. Sie wandern in ein fremdes Land aus mit einer fremden Kultur, sind aber nicht bereit, sich anzupassen. Ihre Kinder müssen ihre Versäumnisse ausbaden.)

4 (Wahrscheinlich wird Aylin ihre Kinder genauso erziehen, wie sie erzogen wurde.)

5 (Arme Mädchen! Die Absonderung beginnt).

Didaktische Anregungen: Sprecht über das Bild M2.

Seite 78: Menschen wollen …

Lösungen: **1** und **2**: Grundbedürfnisse: essen, wohnen – trinken; Sicherheitsbedürfnis: vorsorgen, arbeiten – planen; soziale Bedürfnisse: miteinander reden, fernsehen – mit anderen spielen; Wertschätzungsbedürfnis: belohnt werden, auffallen – sich schmücken; Entwicklungsbedürfnis: sich qualifizieren, lernen – eigene Wege gehen.

3 Die Bedürfnisse sind voneinander abhängig.
4 Wertschätzungsbedürfnis.
5 Der Bettler möchte seine Grundbedürfnisse erfüllen. Wahrscheinlich sehnt er sich nach mitmenschlichen Kontakten (soziales Bedürfnis).

Infos: Die Grundbedürfnisse sichern das Überleben des Menschen. Das Sicherheitsbedürfnis lässt den Menschen Vorsorge für Notzeiten treffen. Das soziale Bedürfnis wünscht Kontakte zu anderen Menschen.

Didaktische Anregungen: Welche Bedürfnisse haben Menschen in Entwicklungsländern? (Die gleichen wie wir.)

Seite 79: Fragen und Antworten

Lösungen: **1 a)** Treibhauseffekt; **b)** Bevölkerungsexplosion; **c)** Blauhelme; **d)** Rabin; **e)** Jerusalem; **f)** Entwicklungshilfe; **g)** Arafat; **h)** Unicef; **i)** Bundeswehr. **Lösungswort**: TRANSFAIR.

Didaktische Anregungen: Schülerinnen und Schüler stellen Wissensfragen zum Kapitel.

1. Löse das Silbenrätsel. Die Zahl am Ende der Zeile nennt den Buchstaben für das Lösungswort, den du unten in das Kästchen einträgst.

> Ara – Be – Blau – bin –
> Bun – cef – des – ef – Ent –
> ex – fat – fe – fekt – haus –
> hel – hil – Je – ke – lem –
> lungs – me – on – plo – Ra –
> ru – rungs – sa – si – Treib –
> Uni – völ – wehr – wick

a) Ursache für Klimaerwärmung, s. Bild (1) _____

b) Merkmal von Entwicklungsländern (8) _____

c) UN-Soldaten (3) _____

d) Israelischer Ministerpräsident (5) _____

e) Heilige Stadt für Juden und Palästinenser (5) _____

f) Unterstützung für die Entwicklungsländer (16) _____

g) Führer der PLO (1) _____

h) Kinderhilfswerk der Vereinten Nationen, s. Bild (3) _____

i) Deutsche Verteidigungsarmee (10) _____

Lösungswort:

a	b	c	d	e	f	g	h	i

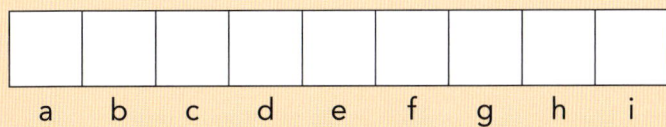

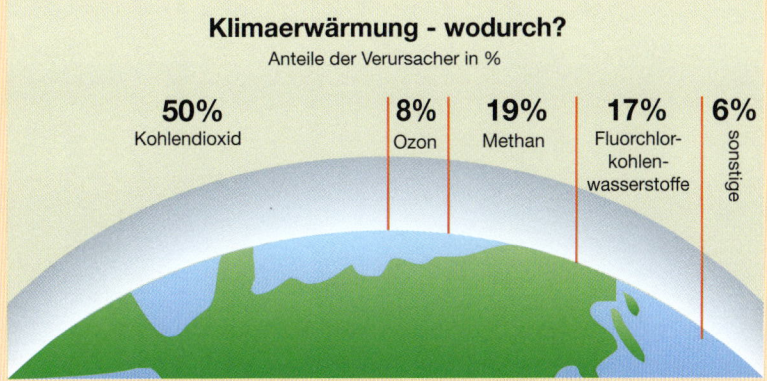

Klimaerwärmung - wodurch?
Anteile der Verursacher in %

50%	8%	19%	17%	6%
Kohlendioxid	Ozon	Methan	Fluorchlor-kohlen-wasserstoffe	sonstige

Bildquellen

Agentur Focus, Hamburg 72 (2) (© Alex Webb/Magnum Photos)

Agentur Zenit, Berlin 25 (1) (© Paul Langrock)

Archiv für Kunst und Geschichte 11 (3)

Associated Press AP, Frankfurt a. M. 17 (2), 55

Avenue Images, Hamburg 59

Berten, Christoph, Berlin 25 (2)

Bild, Axel Springer Verlag, Hamburg 31 (1)

Bildarchiv Preußischer Kulturbesitz 16 (1), 21, 24 (1), 31 (2), 62 (1) (© Dietmar Katz)

Breitschuh, Roland, Köln 19

Brot für die Welt, Stuttgart 71 (1) (© Jörg Böthling)

Bundesdruckerei, Berlin 61 (3)

CCC, www.c5.net 4 (© Horst Haitzinger), 14 (© Felix Mussil), 41 (1) (© Jürgen Tomicek), (2) (© Horst Busse), 58 (© Frank Czerny), 62 (2) (© Walter Hanel), 75 (5) (© Luis Murschetz)

Corel Library 52 (2)

Dänecke, Dietmar 40 (2) (aus: Die Zeit vom 7.11.1977)

Deutsche Fotothek, Dresden 7 (1)

Deutsches Historisches Museum, Berlin 22, 24 (2), 29 (3), 39 (2)

DIZ München GmbH, Bilderdienst 7 (2, 3), 8 (3), 11 (4), 20, 23 (2), 28 (1), 34 (1), 74 (1, 3)

Domke, Franz-J., Hannover 69 (2)

Erich Schmidt Verlag, Zahlenbilder 23 (1), 40 (1)

Europäische Union, Bildarchiv, Brüssel 61 (3)

Flick, Pit (= Hans-Joachim Flick), Bergisch Gladbach 61 (6)

Geilert, Boris, Berlin 78 (2)

Haus der Geschichte, Bonn 11 (1) (© Mirko Szewczuk), 29 (1), 34 (3), 35 (2)

Jürgens Ost- und Europa-Photo, Berlin 33 (2)

KNA-Bild, Bonn 70 (2), 77 (2) (foto-present, Essen)

Köster, Elisabeth, Bonn 54 (4)

Krüger, Sebastian (www.sebastiankruger.com) 50

Landesarchiv Berlin 11 (2)

National Archives and Records Administration, USA 13 (1), (3) (© R. V. Spencer)

Otto Schickedanz AG, Fürth (Bayern) 78 (2)

photothek.net Fotoagentur 57 (o. l.) (© Liesa Johannssen)

Picture-alliance Umschlagfoto (© ZB-Fotoreport, Foto: Bernd Settnik), 8 (1) (akg-images), 9 (2) (dpa), 12 (2) (dpa), 30 (3) (dpa), 36 (1) (dpa), 38 (dpa), 39 (1) (dpa), 41 (3) (dpa), 43 (dpa), 45 (dpa), 46 (dpa), 54 (1) (dpa) (Wdh. 61.4), 54 (2, 3) (dpa), 57 (u.) (dpa), 61 (5) (Okapia KG, Germany), 63 (dpa), 64 (dpa), 65 (2) (Getty Platt), 67 (2) (dpa), 72 (1, 3) (dpa), 74 (r.) (dpa), 75 (6) (dpa), 79 (o.) (dpa/dpaweb)

Pohl, Wolfgang, Iserlohn 72 (4)

Scala Antella, Florenz 51 (3)

Schweizer Illustrierte Zeitung 10 (1) (© R. Gilsi, 11.4.1945)

Shutterstock, New York Umschlagsfoto (Einklinker) (© Igor Terekhov)

Solo Syndication, London 16 (2) (© Leslie Illingworth, 29.10.1962)

Staeck, Klaus, Heidelberg 69 (© VG Bild-Kunst, Bonn 2009)

Sven Simon Fotoagentur 37

Ullsteinbild Berlin 5 (1) (Walter Frentz Historisches Fotoarchiv), 9 (1), 27, 28 (2) (dpa), 34 (2), 36 (2), 67 (3) 68

© VG Bild-Kunst, Bonn 2009: 3, 64/65, 67, 69, 71, 73, 75, 77, 79

Übernahmen aus:

Anschläge. 220 politische Plakate als Dokumente der deutschen Geschichte 1900–1980, ausgewählt und kommentiert von Friedrich Arnold, 1985, Langewiesche-Brandt: 26

Corbishley, Mike, Das Mittelalter, 1993, Karl Müller Verlag: 52 (1)

Franck, D., Jahre unseres Lebens, 1980, Piper: 7 (4)

Müller-Karpe, Hermann, Handbuch der Vorgeschichte II. Jungsteinzeit, 1968, C. H. Beck: 65 (1)

Karten und Illustrationen

Elisabeth Galas, Bad Breisig

Thomas Binder, Magdeburg

Klaus Becker, Oberursel